WISSEN *leicht gemacht*

WELT-
RELIGIONEN

Dr. Christa Kordt

Sonderausgabe

Text: Dr. Christa Kordt
Chefredaktion: Evelyn Boos
Redaktion: Simone Steger
Produktion: Wolfram Friedrich
Abbildungen: Lidman Production, Stockholm;
Gruppo Editoriale Fabbri, Mailand
Titelabbildungen: Lidman Production, Stockholm;
IFA-Bilderteam,
München; Gruppo Editoriale Fabbri, Mailand
Gestaltung: Axel Ganguin
Umschlaggestaltung: Axel Ganguin

Mehr Infos im Internet unter www.compactverlag.de

ISBN 3-8174-5584-4
5455842

Inhalt

Das Christentum

Das Christentum hat die europäische und nordamerikanische Kultur stark geprägt. Im Alltagsverständnis wie auch in der Kunst finden sich überall christliche Einflüsse und Denkmuster, auch wenn sich viele dieses Ursprungs heute nicht mehr bewusst sind. Vor allem die Achtung der Menschenwürde und der Freiheit jedes einzelnen Menschen gehen auf das Christentum zurück. Das Christentum ist weltweit die größte Religion. Zu den heute etwa 1,9 Milliarden Christen kommen täglich über 100.000 Neugetaufte hinzu.

Giovanni Bellini: Maria mit Jesus

Grundlehre des christlichen Glaubens

Das Christentum ist mit dem öffentlichen Wirken von **Jesus von Nazareth** entstanden und leitet seinen Namen vom Ehrentitel *Christus* („der Gesalbte", hebr. „Messias") ab. Das Vorbild der Christen, das Leben Jesu Christi und die Bibel, die davon berichtet, sind die Grundlage des Glaubens. Das Christentum ist aus dem jüdischen Glauben erwachsen. Gemeinsam ist Juden und Christen der Glaube an einen einzigen Gott (**Monotheismus**), der das Universum und somit die sichtbare und die unsichtbare Welt aus dem Nichts geschaffen hat und erhält. Anders als die Juden glauben die Christen aber, dass sich das Wesen Gottes in drei Personen entfaltet (**Trinität**). Gott ist auf geheimnisvolle Weise gleichzeitig Gott Vater, Gott Sohn und Gott Heiliger Geist.

Um die Menschen von der Sünde zu erlösen, ist Gott in Jesus Christus als Mensch von Maria geboren worden, und zwar nicht durch einen Zeugungsakt, sondern durch das Wirken des Heiligen Geistes. Das göttliche Wort hat, so das christliche Verständnis, dadurch Fleisch angenommen und hat unter den Menschen gelebt.

In seinem Tod am **Kreuz** hat Jesus die Sünden aller Menschen auf sich genommen. Durch seine

Auferstehung am dritten Tag hat er die Sünde und den Tod überwunden und den Menschen das ewige Leben geschenkt. Nach seiner Auferstehung hat Jesus wiederum 40 Tage mit den Jüngern verbracht. Danach ist er in der Himmelfahrt zum Vater zurückgekehrt. Jesus hat den Menschen seine Wiederkehr am Ende aller Zeiten verheißen. Dann werden alle Menschen auferstehen, und es wird sich entscheiden, wer zu Jesus gehört und wer sich gegen ihn entschieden hat. Bis dahin wirkt Gott durch den **Heiligen Geist** weiterhin unter den Menschen, um sie im Eifer für das Gottesreich zu stärken.

Heilige Dreifaltigkeit

Nachfolge Christi

Der christliche Glaube verwirklicht sich für den einzelnen Menschen im Bekenntnis zu Christus, in der Ausrichtung auf ihn hin und in der Gestaltung des eigenen Lebens nach dem Vorbild Jesu.

Fra Angelico: Verkündigung Maria

Jesus verkündigt den Menschen das Kommen des Gottesreichs, die Befreiung des Menschen von der Sünde und seine Versöhnung mit Gott.

Als sichtbares Zeichen für seine Verheißung hat Jesus während seines Lebens auf Erden Menschen an Körper und Seele geheilt. Er hat Wunder gewirkt und in immer neuen Gleichnissen die Botschaft von der Barmherzigkeit Gottes anschaulich gemacht.

Tintoretto: Kreuzigung Jesu

Liebe zu Gott und zu den Menschen

Die Aufgabe der Menschen besteht darin, an das **Evangelium** zu glauben und ihr Verhalten entsprechend zu überdenken und zu ändern, damit ihr Leben heil wird. Sie sollen aktiv mitarbeiten und sich für das Reich Gottes einsetzen. Dann kann das Gottesreich unter den Menschen anbrechen. Die rechte Haltung als Voraussetzung dafür ist ein Leben in Liebe.

Darstellung des Heiligen Geistes

Jesus fasst diese Haltung folgendermaßen zusammen: „Das wichtigste Gebot ist dieses: 'Höre Israel! Der Herr ist unser Gott, der Herr und sonst keiner. Darum liebt ihn von ganzem Herzen und mit ganzem Willen, mit ganzem Verstand und mit aller Kraft.' Das zweite ist: 'Liebe deinen Mitmenschen wie dich selbst!' Es gibt kein Gebot, das wichtiger ist als diese beiden." Dabei bezieht sich Jesus auf die **Zehn Gebote** des *Alten Testaments* und setzt dabei einen eigenen Schwerpunkt. Ausdrücklich eingeschlossen in das Liebesgebot ist die **Feindesliebe** und damit eine konsequente innere und äußere Friedfertigkeit. Weitere wichtige ethische Texte sind für das Christentum die *Zehn Gebote* und die so genannte *Bergpredigt* mit den *Seligpreisungen.* Sie stellen die moralischen Leitlinien des Christentums dar.

Die christlichen Konfessionen

Jesus berief **zwölf Apostel** und übertrug ihnen die Aufgabe, als „Menschenfischer" seine Mission fortzusetzen, überall das Evangelium zu verkünden. Obwohl alle Christen durch das ökumenische Glaubensbekenntnis an die „eine, heilige, allgemeine und apostolische Kirche" glauben, haben sich im Laufe der Kirchengeschichte Unterschiede herausgebildet. Als die drei großen Konfessionen gelten nun die katholischen, die protestantischen und die orthodoxen Christen.

Die katholische Kirche

Die römisch-katholische Kirche ist die größte Kirche der Welt und wohl auch die bekannteste. An ihrer Spitze steht der **Papst** als oberster „Vertreter Christi", dem eine Hierarchie von Bischöfen und Priestern untersteht. Das Urteil des Papstes in Glaubensfragen ist nach katholischer Auffassung unfehlbar, außerdem ist er der oberste Richter. Die rechte Lehre hat in der katholischen Kirche einen großen Stellenwert, daher sieht sie es als eine ihrer wesentlichen Aufgaben an, deren Reinheit zu wahren.

Giotto: Zwölf Apostel

Die katholische Frömmigkeit kennt dennoch sehr viele verschiedene Formen, die sich in erster Linie in der **Volksfrömmigkeit** über lange Zeit erhalten haben. Vor allem die Marien- und Heiligenverehrung nehmen hierbei einen großen Raum ein, da nach katholischer Auffassung der Mensch vor allem durch die Vermittlung geeigneter Personen in Beziehung zu Gott gelangt. Durch sein Amt und seine Weihe ist zum Beispiel der Priester in der katholischen Kirche ein solcher Mittler zu Gott.

Die protestantische Kirche

Durch Abspaltung von der römisch-katholischen Kirche entstand ab 1517 im Zuge der Reformation die protestantische Kirche. Vor allem die Auffassung **Martin Luthers** (1483–1546), dass zur Erlangung der göttlichen Gnade keine Mittelsperson nötig ist, weil Jesus für alle Zeiten der Mittler zwischen Mensch und Gott ist, führte zu einem anderen Verständnis von Amt und Kirche, als es die Katholiken hatten. Rettung aus der Sünde wird dem Menschen nur durch göttliche Gnade und durch den Glauben zuteil (*sola gratia, sola fide, sola scriptura*). Abgelehnt wird vor allem die Unfehlbarkeit des Papstes, der Gehorsam gegenüber kirchlichen Würdenträgern und die Heiligenverehrung. Für die Protestanten ist die höchste Instanz in Glaubensfragen die Bibel. Zu der evangelischen Kirche gehören **Lutheraner** (nach der Lehre Luthers), **Reformierte** (nach der Lehre Calvins, 1509–

Martin Luther

Johannes Calvin

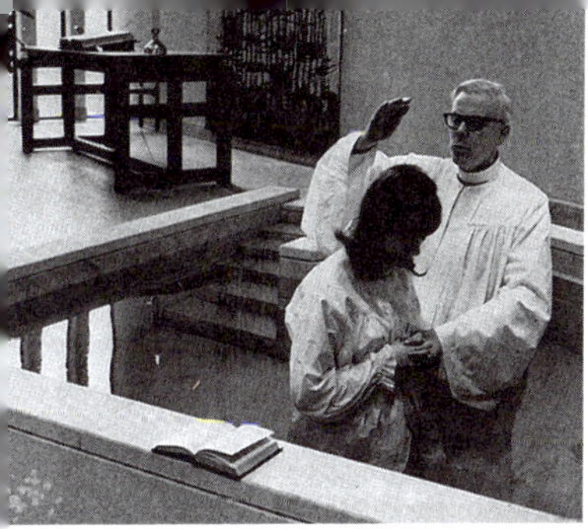

Taufe eines Erwachsenen

1564), **Anglikaner** (nach der Reformation in England), **Täufer** (praktizieren die Erwachsenentaufe) und **Pfingstler** (urchristlich, an den Gaben des Heiligen Geistes orientierte Gemeinschaften). Hinzu kommen die **Freikirchen**, die sich dem Zusammenschluss (Unierung) von Lutheranern und Reformierten im 19. Jahrhundert widersetzten. Die Lutherischen, Reformierten und Unierten Landeskirchen haben sich zur Evangelischen Kirche in Deutschland (EKD) zusammengeschlossen.

? Schon gewusst?

Heute sind es die Pfingstler und die aus ihren Reihen hervorgegangenen gemäßigteren Charismatiker, die weltweit schneller wachsen als jede andere Religionsgemeinschaft.

Die orthodoxe Kirche

Die orthodoxe Kirche ist die älteste der christlichen Kirchen. In der abendländischen Kirchenspaltung von 1054 trennten sich östliche und westliche Kirche voneinander, weil die Ostkirchen die Unfehlbarkeit und die oberste Gerichtsbarkeit des Papstes nicht anerkannten. Die orthodoxe Kirche hält an der Liturgie der frühen Kirche fest. Zur Frömmigkeit gehören außerdem die **sieben Sakramente**, die **Marienverehrung** und die **Ikonen** als „Heilige Bilder". In der orthodoxen Liturgie wird regelmäßig die ganze Heilsgeschichte gefeiert, in die die Gläubigen auf spirituelle Weise einbezogen werden sollen. Die orthodoxe Spiritualität, die vor allem über die Ikonen und die Gesänge faszinierend auf viele westliche Gläubige wirkt, ist stark mystisch geprägt. Eine weitere Grundlage des Glaubens sind die Erkenntnisse der **Kirchenväter** (der frühen Theologen der ersten Jahrhunderte n. Chr.). Die orthodoxe Kirche gliedert sich auf in Patriarchate und autokephale (selbst verwaltete) Nationalkirchen.

? Schon gewusst?

Zusammen mit der orientalisch-katholischen Kirche und mit den orientalischen Nationalkirchen (die sich schon vor der Kirchenspaltung verselbstständigt hatten) bildet die orthodoxe Kirche die Ostkirche.

Ökumene

Seit dem 19. Jahrhundert bemühen sich die Kirchen aller Konfessionen weltweit wieder stärker um Zusammenarbeit und Einigung in Glaubensfragen. 1948 schlossen sich im **Ökumenischen Rat der Kirchen** (ÖRK) alle christlichen Kirchen außer der katholischen zusammen. Seit dem **2. Vatikanischen Konzil** (1962–65) ist auch in der katholische Kirche die Ökumene ein besonderes Anliegen (u. a. in der Konferenz europäischer Kirchen oder in der Arbeitsgemeinschaft christlicher Kirchen).

Die *Bibel* – das Buch der Bücher

Die *Heilige Schrift* des Christentums ist die *Bibel*, benannt nach dem griechischen Wort biblia, dem Plural von biblion („Buchrolle", „Schrift"). Auf insgesamt rund 2000 Seiten und in über 60 Kapiteln bzw. „Büchern" findet man eine Sammlung ganz verschiedener literarischer Ausdrucksformen von völlig unterschiedlichen Verfassern. Hier stehen spannende Erzählungen wie etwa die Wanderung der Israeliten durch das Rote Meer oder Jonas Erlebnis mit dem Walfisch neben poetischen Dichtungen wie dem *Hohen Lied der Liebe* oder den Psalmen. Die beiden Hauptteile der Bibel sind das hebräisch verfasste *Alte Testament* (Testament = Bund), das der *Heiligen Schrift* der Juden entspricht, und das in griechischer Sprache geschriebene *Neue Testament*.

! Abkürzungen der Bibelstellen

Apg.	Apostelgeschichte
Gen.	Genesis (1. Buch Mose)
Dtn.	Deuteronomium (5. Buch Mose)
Eph.	Epheser
Ex.	Exodus (2. Buch Mose)
Ez.	Ezechiel
Jes.	Jesaja
Joh.	Johannes
Kor.	Korinther
Lev.	Leviticus (3. Buch Mose)
Lk.	Lukas
Mk.	Markus
Matth.	Matthäus
Num.	Numeri (4. Buch Mose)
Tim.	Timotheus
Offb.	Offenbarung

Das *Alte Testament* – Poesie und Heilsgeschichte

Etwa drei Viertel der *Bibel* gehören zum *Alten Testament.* Die Erzählungen, Gebete, Fabeln, Sprichwörter und Lieder wurden lange Zeit mündlich überliefert, bis sie Aufnahme in das *Alte Testament* fanden, und sind zum Teil bis zu 3000 Jahre alt. Immer geht es darum, wie Menschen das Handeln Gottes in ihrer Zeit und in ihrem Leben erfahren. Die Schriften des *Alten Testaments* werden in der Regel in folgende Gruppen eingeteilt: Die erste Gruppe bilden die fünf *Bücher Mose* (*Pentateuch*), in denen die Heilsgeschichte des Volkes Israel bis zur Ansiedlung der zwölf Stämme in Palästina erzählt wird. Darauf folgt die Geschichte des Volkes im Land. Zur dritten Gruppe gehören die poetischen Bücher, und in der vierten Gruppe sind die prophetischen Bücher zusammengefasst. Sechs weitere Bücher, die so genannten Spätschriften, rechnet nur die katholische Kirche zum *Alten Testament*.

Das *Neue Testament* – Vom heilbringenden Wirken Jesu Christi

Den Hauptteil des *Neuen Testaments*, des zweiten Teils der *Bibel*, bilden die vier **Evangelien**

! Die Bücher der Bibel

Altes Testament:
1. – 5. Buch Mose *Genesis, Exodus, Levitikus, Numeri, Deuteronomium*
Geschichte des Volkes im Land *Josua, Richter, Rut,* zwei Bücher *Samuel,* zwei Bücher der *Könige,* zwei Bücher der *Chronik, Esra, Nehemia, Ester.*
Poetische Bücher das Buch *Hiob*, die *Psalmen*, die *Sprüche Salomos*, der *Prediger Salomon* und das *Hohelied Salomos*.
Prophetische Bücher *Jesaja, Jeremia*, die *Klagelieder Jeremias, Hesekiel, Daniel, Hosea, Joel, Amos, Obadja, Jona, Micha, Nahum, Habakuk, Zephanja, Haggai, Sacharja, Maleachi.*
Nur von der katholischen Kirche in den Kanon aufgenommen sind: die Bücher *Tobias, Judith*, Teile des Buches *Esther, Weisheit (Salomos), Sprüche (Jesus) Sirach, Baruch*, ein Brief *Jeremias*, zwei Zusätze zu *Daniel*, das Gebet *Manasses* und das *1.* und *2. Buch der Makkabäer.*

Neues Testament:
Evangelien nach *Matthäus, Markus, Lukas* und *Johannes*
Apostelgeschichte
Römerbrief, Korintherbrief, je ein Brief an die *Galater*, die *Epheser*, die *Philipper* und die *Kolosser*, zwei an die *Thessalonicher* und an *Timotheus, Titusbrief, Philemonbrief, Hebräerbrief*
„Katholische Briefe": *Jakobusbrief*, zwei Briefe des *Petrus*, drei *Johannes-Briefe, Judasbrief*
Offenbarung des Johannes

(griech. euangelion, „frohe Botschaft", „gute Nachricht"). Verfasser dieser zentralen Texte des Christentums sind die vier Zeitzeugen, die Evangelisten **Matthäus**, **Markus**, **Lukas** und **Johannes**. Sie haben eigene Erlebnisse, Augenzeugenberichte, mündliche und schriftliche Überlieferungen von dem heilbringenden Leben und Wirken Jesu gesammelt und zusammengestellt. Die Darstellung des Lebens Jesu, seine Handlungen, seine Worte, die Erfahrung seiner Gegenwart, sein Tod und seine Auferstehung, in denen seine bedingungslose Liebe zu Gott und zu den Menschen offenbar wird, bilden das innere Wesen des Christentums. Da die Aufgabe der Christen die Nachfolge Christi, also die verbindliche Orientierung am Leben Jesu, ist, haben diese Schriften eine zentrale Bedeutung für den Glauben und das Handeln der Christen.

Episoden aus dem Neuen Testament, Miniatur 11. Jh.

! Die Evangelisten und ihre Symbole in der bildenden Kunst

Matthäus – Mensch/Engel
Markus – (geflügelter) Löwe
Lukas – (geflügelter) Stier
Johannes – Adler

Darstellung der Evangelisten, Kathedrale von Chartres

Die *Apostelgeschichte* des Lukas, die sich an die Evangelien anschließt, schildert, wie die ersten christlichen Gemeinschaften entstanden und wuchsen. Es gibt Einblick in das Gemeindeleben der ersten Christen. Evangelien und *Apostelgeschichte* bilden die so genannten Geschichtsbücher. Darauf folgen 21 Briefe, von denen mehr als die Hälfte dem **Apostel Paulus** zugeschrieben werden. Von seinen zahlreichen Missionsreisen aus übermittelt er darin den

frühen Gemeinden Unterweisungen im Glauben und gibt ihnen Ratschläge für ihr Gemeindeleben.
Den Abschluss bildet die *Offenbarung des Johannes,* ein prophetischer Text voller visionärer Bilder, dessen verschlüsselte Sprache bis heute Rätsel aufgibt.

Entstehung und Wirkung

An der Bibel ist lange geschrieben worden. Die jüngsten Texte, die Evangelien und die *Apostelgeschichte,* stammen aus dem 1. und 2. Jh. n. Chr., und erst um 400 n. Chr. war die Kanonisierung, also die Auswahl der anerkannten Schriften, abgeschlossen. Die wichtigsten Bibelhandschriften sind in der Zeit zwischen dem 2. Jh. v. Chr. und dem 10. Jh. n. Chr. entstanden (z. B. der *Codex Sinaiticus* und der *Codex Vaticanus* aus dem 4. Jh.). Seit 1947 hat man in Qumran Handschriften gefunden, die wichtige Aufschlüsse zum Text des *Alten Testaments* geben.

Höhlen von Qumran

! Das Vaterunser oder Gebet des Herrn

Vater unser im Himmel,
geheiligt werde Dein Name.
Dein Reich komme.
Dein Wille geschehe, wie im Himmel, so auf Erden.
Unser tägliches Brot gib uns heute
und vergib uns unsere Schuld,
wie auch wir vergeben unseren Schuldigern.
Und führe uns nicht in Versuchung,
sondern erlöse uns von dem Bösen.
Denn Dein ist das Reich, und die Kraft, und die Herrlichkeit in Ewigkeit.
Amen.

Übersetzungen gab es erst von den Schriften des *Alten Testaments,* da in den neuen christlichen Gemeinden des griechischen und lateinischen Sprachgebiets der hebräische Text nicht mehr verstanden wurde. Die älteste Übersetzung in die griechische Sprache ist die *Septuaginta,* die vermutlich im 3. Jh. v. Chr. entstanden ist. Die berühmteste lateinische Übersetzung der gesamten Bibel ist die *Vulgata,* die der Kirchenvater Hieronymus (347–419/20) zwischen 391 und 406. anfertigte. Sie wurde schließlich 1546 auf dem Konzil von Trient zum einzi-

Gutenberg-Bibel

gen authentischen Bibeltext für die katholische Kirche erklärt.
Da die Bibel für das Christentum die Offenbarung des Wort Gottes ist und sowohl Wirken als auch Lehre Jesu überliefert, kommt es bei der Weitervermittlung und Auslegung dieser Schrift auf besondere Sorgfalt an. In der Bibel stehen die wichtigsten christlichen Gebete, das *Vaterunser*, das *Ave Maria*, das *Magnificat* und ethische Richtlinien wie die *Zehn Gebote* und die *Seligpreisungen.* Immer ist die Bibel ein Prüfstein für die Lehre der Kirche. Für die evangelische Kirche ist sie ausdrücklich der einzige Maßstab.
Die Auslegung der einzelnen Schriften begann bereits in der Bibel. Immer wieder bezieht sich das *Neue Testament* auf sein Fundament, also auf das, was im *Alten Testament* steht. Es gibt Verweise auf alte Prophezeiungen, die sich im *Neuen Testament* erfüllen, Auslegungen und Interpretationen der Schriften und manche Aussagen, deren Sinn sich erst mithilfe des *Neuen Testaments* erschließen lässt (Typologie).

Von entscheidendem Einfluss auf Überlieferung und Auslegung der Bibel war die deutsche Übersetzung von **Martin Luther** (1483–1546), die 1545 in der Gesamtausgabe erschien. Sie ist gleichzeitig ein Meilenstein in der Entwicklung der deutschen Sprache und ein Dokument des engen Zusammenhangs zwischen Bibelverbreitung und Kulturentwicklung.
Schon in den klösterlichen Schreibstuben des Mittelalters entstanden beim kunstvollen Abschreiben von Bibeltexten prachtvolle Handschriften von hohem kulturellen und künstlerischen Wert, die maßgeblich zur Ausbreitung der Schriftkultur beitrugen.
Mit der **Gutenberg-Bibel** begann das Zeitalter des Buchdrucks und auch heute noch prägt das weltweit am meisten übersetzte und verkaufte Buch der Weltliteratur unsere Kultur. Viele Erzählungen und Redewendungen aus der Bibel sind über die Konfessionen hinweg fast jedem bekannt und haben ihren festen Platz in Alltag und Literatur.

Das Christentum kennt neben der Bibel auch andere religiöse Schriften, die jedoch meist auf die Bibel bezogen oder aus ihr abgeleitet sind. Dazu gehören vor allem Schriften zur Bibel-Auslegung, Heiligenlegenden, liturgische Handbücher und Gesangbücher, Messbücher, Andachtsbücher, Gebetbücher, Bekenntnisschriften und Katechismen zur Glaubensunterweisung.

Religiöse Oberhäupter

Schon in den christlichen Gemeinden gab es **Älteste**, die aufgrund ihrer Erfahrung und ihrer Kenntnisse für die Glaubenslehre zuständig waren, die Gemeinden leiteten und die Gläubigen seelsorgerisch betreuten. Sie wurden auch als Leiter, Aufseher, Hirten oder Bischöfe bezeichnet und erhielten ihr Amt durch Handauflegung. Erst im Laufe der Kirchengeschichte wurden die einzelnen Begriffe verschiedenen Ämtern zugeordnet. Der Aufseher hieß nun Bischof und stand über dem Priester und dem Diakon.

Der Papst – Bischof von Rom

Das Oberhaupt der gesamten römisch-katholischen Kirche ist der Papst, der **Bischof von Rom**, der seinen Sitz im Vatikan hat. Von seinem Amt und der ihm

Heiliger Petrus

dazu von Gott verliehenen Gnadengabe (*Charisma*) versteht sich der Papst als Nachfolger des Apostels Petrus und als Stellvertreter Christi auf Erden. Von den Gläubigen wird er daher als „Heiliger Vater" verehrt.

Nach katholischem Verständnis ist es die Aufgabe des Papstes, kraft der ihm verliehenen Unfehlbarkeit, die **Offenbarungswahrheit** und damit die Reinheit der Lehre zu erhalten. Als unfehlbar gilt allerdings nur, was der Papst unter bestimmten Voraussetzungen **ex cathedra** verkündet, also unter Berufung auf den Heiligen Geist und sein Lehramt. Nach dem Kirchenrecht ist der Papst auch oberster Richter der Katholiken.

? Schon gewusst?

Unter anderem war es die unangreifbare Position des Papstes als oberster Richter, die zur Abspaltung der Ostkirche und der orthodoxen Kirche von der katholischen Kirche beitrug und zu Zeiten der Reformation die Trennung von römisch-katholischer und protestantischer Kirche herbeiführte.

Er wird von den Kardinälen gewählt, die sich seit dem 14. Jh. jeweils für einen Kardinal aus ihren Reihen entschieden haben, auch wenn theoretisch jeder männliche Katholik das Amt übernehmen kann.

Die Bischöfe – Priester, Lehrer und Hirten

Schon in der frühen Kirche waren manche hauptamtlichen Gemeindeleiter für mehrere Gemeinden zuständig. Zu besonderen Fragen berief man seit dem 1. Jh. Versammlungen aller Bischöfe, so genannte **Konzile** (lat. concilare, „zusammenrufen"), ein. Auch die Bischöfe gelten in der katholischen Kirche als Nachfolger der Apostel.

In der katholischen Kirche ist der Bischof Leiter einer **Diözese** bzw. eines **Bistums** und vereinigt Priesteramt, Lehramt und Hirtenamt in einer Person. Er weiht Mitbischöfe, Priester und spendet die Firmung. Der Bischof wird vom **Domkapitel** (den Geistlichen einer Bischofskirche) und dem Landesherrn vorgeschlagen und vom Papst ernannt. Seit dem 2. Vatikanischen Konzil ist die Position der Bischöfe gegenüber dem Papst durch die Bischofskonferenz, den Zusammenschluss aller Bischöfe einer Region oder eines Landes, stärker geworden. Als Insignien seines Amtes trägt der Bischof **Brustkreuz**, **Mitra** (Bischofsmütze), **Bischofsstab** (als Hirtenstab) und einen goldenen **Bischofsring**.

Auch in der orthodoxen und in der anglikanischen Kirche gelten die Bischöfe als geistliche Oberhäupter, die nach göttlichem Recht eingesetzt und geweiht werden. Orthodoxe Bischöfe müssen, anders als die orthodoxen Priester, zölibatär leben und kommen immer aus einem Orden.

Die evangelisch-lutherischen und anderen reformatorischen Kirchen kennen ebenfalls das Bischofsamt, das dort jedoch nur auf menschlichem Recht gründet und der Aufsicht und Leitung der Gemeinden dient. Die reformierten Kirchen und die Landeskirchen Westfalen, Rheinland, Hessen-Nassau, Pfalz, Anhalt und Bremen haben keinen Bischof. Zu den Aufgaben des evangelischen Bischofs einer Landeskirche gehören Ordination, Visitation, Inspektion, Einweihung von Kirchen, seelsorgerische Betreuung von Geistlichen und Vertretung der Kirche gegenüber dem Staat und anderen Kirchen. Der Bischof wird meist auf

Griechisch-orthodoxer Mönch

Lebenszeit gewählt, in der Regel von der Landessynode.

Priester – Seelsorger und Verkünder des Wortes Gottes

Die dritte Form des apostolischen Amtes ist das Amt des Priesters. In der katholischen Kirche nimmt der Priester die Position eines Mittlers zwischen Gott und Mensch ein.

Er wird vom Bischof geweiht und hat dann die Vollmacht, alle Sakramente außer der Priesterweihe zu spenden und die Wandlung von Brot und Wein zu Leib und Blut Christi in der Heiligen Messe zu vollziehen. Katholische Priester sind zum **Zölibat** verpflichtet, müssen also ehelos und sexuell enthaltsam leben. In seiner Diözese setzt der Bischof Priester als Geistliche einer Gemeinde und damit als Gemeindepfarrer ein. In ihrer Gemeinde sind die Pfarrer auch Seelsorger und Glaubenslehrer.

Orthodoxe Priester, die auch als **Popen** bezeichnet werden, haben ähnliche Funktionen wie die katholischen, dürfen aber (vor der Priesterweihe) heiraten.

Die reformierten Kirchen lehnen das katholische Verständnis des Priestertums ab und wählen daher auch die Bezeichnung **Pfarrer** oder **Pastor** (lat. „Hirte"). Die Aufgaben des Pfarrers sind bei den Protestanten nicht ausschließlich an dieses Amt gebunden. Aufgrund des „Priestertums aller Glaubenden" sind die Laien stärker an den Aufgaben in der Gemeinde beteiligt. Wer das Amt des Pfarrers übernimmt, wird gewählt oder bekommt es von der Kirchenbehörde übertragen und wird im Rahmen eines Gottesdienstes ordiniert. Statt eines liturgischen Gewandes trägt der Pfarrer einen einfachen **Talar**. Für die reformierten Christen ist die Priesterweihe kein Sakrament und das Spenden der Sakramente ist nicht ausschließlich den Priestern vorbehalten. Die Protestanten übernehmen nicht die Vorstellung von dem Priester als Mittler des Heils und damit auch nicht das Verständnis von Beichte und Bußsakrament. Pastöre (und seit 1978 auch Pastorinnen) sind in der reformierten Kirche nicht zum Zölibat verpflichtet.

Im Verständnis der seelsorgerischen und sozialen Aufgaben des Pfarrers stimmen die katholische und die evangelischen Kirchen weitgehend überein.

Diakon – Diener in der Gemeinde

Auch Diakone (griech. „Diener") werden in der katholischen Kirche geweiht und übernehmen Aufgaben als Helfer im Gottesdienst und bei den sozialen Aufgaben in der Gemeinde. Bis zum Mittelalter konnten auch Frauen in allen Kirchen Diakoninnen bzw. Diakonissen werden, wie man sie bei den Protestanten heute noch kennt. Für die männlichen Diakone war das Amt früher die Vorstufe zum Priesteramt. Heute sind beide Ämter wieder eigenständig.

Symbole und Rituale

Symbole

Symbole und symbolische Handlungen spielen im Christentum eine große Rolle. Zahlreiche alltägliche Handlungen, Bilder und Zeichen (z. B. Gesten, Pflanzen, Tiere, Farben, Buchstaben) sind mit einem zusätzlichen Sinn aufgeladen, der auf das göttliche Heilsgeschehen hinweist oder es anschaulich macht. In allen Situationen des Lebens wird so an wesentliche Glaubenswahrheiten erinnert. Die zusätzlichen Ausdrucksmöglichkeiten haben auch auf die bildende Kunst und Literatur häufig inspirierend gewirkt.

Caravaggio: Johannes der Täufer

Das wichtigste Symbol des Christentums ist das **Kreuz**. Das Kreuz steht für Leben und Tod, Erlösungswerk und Auferstehung Jesu Christi. Die Kreuzigung war bei den Römern eine besonders schändliche Todesstrafe. Darin nahm Jesus Schmerz, Leid und Erniedrigung aller Menschen auf sich (als Zeichen des Mitleidens Gottes mit dem Menschen). Durch das Erlösungswerk, das Jesus für alle Menschen vollbrachte, indem er ihre Sünden am Kreuz auf sich nahm, ist das Kreuz zum Zeichen des Heils geworden. Es verweist seitdem auf die Auferstehung Jesu Christi und damit den Sieg über Leid und Tod.

Das **Kreuzzeichen** als **Gebetsgeste** war schon bei den frühen Christen bekannt, zum Teil als Erkennungszeichen derer, die sich zur Erlösung durch Jesus Christus bekannten. Indem man das Kreuz mit der Hand nachzeichnet, bittet man um den Segen für sich selbst oder für einen anderen. Zum Segenswunsch gehören die Worte

„im Namen des Vaters und des Sohnes und des Heiligen Geistes, Amen". Beim großen Kreuzzeichen führt man die Finger der rechten Hand an Stirn, Brust, linke Schulter und rechte Schulter (bzw. in der Ostkirche umgekehrt), beim kleinen Kreuzzeichen berührt man mit dem Daumen Stirn, Mund und Brust oder zeichnet ein kleines Kreuz mit dem Finger auf die Stirn.

Wenn der Pfarrer die Gläubigen während des Gottesdienstes segnet, zeichnet er ein Kreuz mit zwei Strichen in die Luft.

Zu den frühen christlichen Symbolen, die noch heute allgemein bekannt sind, gehört z. B. der **Fisch**. In einem Strich gezeichnet war er das Geheimzeichen der verfolgten Christen, wenn sie sich in den römischen Katakomben zum Gottesdienst trafen. Der Zusammenhang mit dem Christentum ergibt sich dadurch, dass Christus seine Jünger zu „Menschenfischern" machen wollte und dass in der griechischen Sprache die Anfangsbuchstaben des Namens „Jesus Christus, Gottes Sohn, Erlöser" das Wort Ichthys (= Fisch) ergeben.

Feuer und **Taube** sind Symbole für den Heiligen Geist und das **Lamm Gottes** steht für die Selbstaufopferung Jesu und seine Sanftmütigkeit.

Eine besondere Form der Symbolik findet man bei den **Ikonen** (griech. *eikon*, „Ebenbild"), den Heiligenbildern der orthodoxen Kirche. Christus, Maria und die Heiligen werden zweidimensional auf flachen Holzbildern dargestellt. Die Ikonenmaler müssen sich an bestimmte Vorschriften im Umgang mit Farbe, Symbolik und Proportionen halten. Die orthodoxen Christen glauben, dass die auf den Ikonen dargestellten Personen tatsächlich anwesend sind. Sie können für die Menschen Fenster zu Gott sein, der nicht dargestellt werden darf. Die Ikonen werden verehrt, nicht angebetet. In der **Ikonostase**, der Wand zwischen dem Altar und dem Raum der Gemeinde, befinden sich innerhalb der Kirche die wertvollsten Ikonen. Sie sind um die Darstellung des thronenden Christus zwischen Maria und Johannes dem Täufer (Deesis) angeordnet.

Sakramente

So wie die Menschen um Jesus herum erfahren haben, dass Jesus Kranke geheilt und Hungernde gesättigt hat, sollen die Gläubigen in den Sakramenten die Gnade und Barmherzigkeit Gottes erfahren. Die Sakramente werden jeweils in einer eigenen Zeremonie gespendet.

In der katholischen und der orthodoxen Kirche gibt es sieben Sakramente: **Taufe**, **Kommunion**, **Firmung**, **Buße**, **Kranken-**

salbung, **Priesterweihe** und **Ehe**. Für die Protestanten sind nur **Taufe** und **Abendmahl** Sakramente, die sich aus der Bibel ableiten lassen.
Die **Taufe** ist das Sakrament der Aufnahme in die christliche Gemeinschaft. Über den Kopf des Täuflings wird dreimal Wasser gegossen, während der Priester die Worte spricht: „Ich taufe dich im Namen des Vaters und des Sohnes und des Heiligen Geistes." Danach wird der Täufling (im katholischen Ritus) mit Chrisam gesalbt, ihm wird ein weißes Kleid und eine Kerze überreicht, die an der Osterkerze entzündet wird. Ohren und Mund des Neugetauften werden mit dem Ruf „Effata" („Öffne dich") zum Hören und Verkünden des Glaubens geöffnet. Früher wurde das Taufsakrament Erwachsenen gespendet, die sich bewusst zu einem christlichen Leben entschlossen hatten und zum Zeichen ihres neuen Lebens in Christus tatsächlich im Wasser untergetaucht wurden. Ebenso halten es heute noch einige christliche Gemeinschaften, während bei Katholiken und Protestanten inzwischen meistens die Kindertaufe üblich ist. Dabei erhält das Neugeborene seinen Taufnamen. Eltern und Paten erklären stellvertretend für den Täufling den Willen zum christlichen Leben. Die Taufe als Zeremonie der Reinigung und Wiedergeburt im Glauben ist eindeutig auf das *Neue Testament* zurückzuführen. Jesus ließ sich im Jordan von Johannes taufen und rief seine Jünger auf, allen Menschen die Taufe zu spenden.

Rogier van der Weyden: Taufe, ca. 1453

Die **Kommunion**, die auch **Eucharistiefeier** („Danksagung") oder **Abendmahl** genannt wird, und sowohl in der evangelischen als auch in der katholischen Kirche ein Sakrament ist, geht auf das letzte gemeinsame Mahl zurück, das Jesus mit seinen Jüngern in Jerusalem hielt, bevor er verraten und zum Tod verurteilt wurde. Mit den Worten „Nehmt und esst, das ist mein Leib!" und „Trinkt alle daraus; das ist mein Blut, das für alle Menschen vergossen wird zur Vergebung ihrer Schuld, mit ihm wird der Bund in Kraft gesetzt, den Gott jetzt mit den Menschen schließt" reicht Jesus seinen Jüngern Brot und Wein und trägt ihnen auf, dieses Mahl zu seinem Andenken auch weiterhin miteinander zu feiern.

Damit setzt Jesus selbst die Kommunion ein, die den Mittelpunkt der katholischen **Heiligen Messe**, des evangelischen **Gottesdienstes** mit Abendmahl und der ostkirchlichen **Liturgie** bildet. Genau so wie im alten Bund die Juden das Passahmahl als Gedächtnis der Befreiung Israels aus ägyptischer Gefangenschaft feierten, feiert Jesus mit seinen Jüngern den neuen Bund, die Befreiung des Menschen von Sünde und Tod.

Das Verständnis der Kommunionfeier ist in den einzelnen Kirchen unterschiedlich. Die Katholiken glauben, dass Brot und Wein bei der Wandlung durch einen geweihten Priester tatsächlich, dem Wesen nach, zu Leib und Blut Christi werden. Die Gläubigen erhalten die Kommunion meist nur in Gestalt des Brotes, und zwar in Form einer **Hostie**, einer aus Weizen und Wasser gebackenen Oblate. Da die geweihte Hostie nach katholischem Verständnis wirklich der Leib Christi ist und es auch bleibt, werden die nach der Kommunion übrigen Hostien im **Tabernakel**, einem verschließbaren, undurchsichtigen Schränkchen aufbewahrt, vor dem immer eine Kerze brennt. Die gewandelte Hostie kann auch in der **Monstranz** den Gläubigen präsentiert werden, die darin den Leib Christi anbeten.

Heiliger Petrus

Die evangelischen Kirchen haben ein nicht so radikales Verständnis der Wandlung von Brot und Wein. Für die Lutheraner geschieht die Wandlung von Brot und Wein wirklich, aber beide Gestalten behalten dennoch auch ihr natürliches Wesen. Für die Reformierten geschieht die Wandlung durch den Heiligen Geist in den Gläubigen selbst, während ein Ungläubiger nur Brot und Wein empfängt.

In dem Sakrament der **Firmung** wird die Taufe noch einmal bestätigt. Der Bischof legt dem Firmling die Hand auf, salbt ihn mit Chrisam und bittet für ihn um die Gaben des Heiligen Geistes. Die Zeremonie geht auf die Bibel zurück und findet in der orthodoxen Kirche direkt nach der Taufe statt, bei den Katholiken nach dem so genannten Firmunterricht. Der Firmling wird dadurch zu einem eigenverantwortlichen Mitglied der Gemeinde. Meist wird die Firmung im Alter von 12 bis 14 Jahren gespendet, dem Zeitpunkt der Religionsmündigkeit (mit 14 Jahren). In der evangelischen Kirche entspricht der Firmung die symbolische Handlung der **Konfirmation**. Die Jugendlichen werden nach der Konfirmation zum Abendmahl zugelassen. Bei den Katholiken geschieht dies zum ersten Mal im Alter von etwa neun Jahren, nach der Feier der Erstkommunion.

Grundlage des katholischen **Bußsakraments** sind die Worte Jesu an Petrus und die Apostel: „Wenn ihr jemand die Vergebung seiner Schuld zusprecht, ist die Schuld auch von Gott vergeben. Wenn ihr die Vergebung verweigert, bleibt die Schuld bestehen.". In einem Beichtstuhl oder während eines Beichtgesprächs hört der Priester das Bekenntnis und das Reuegebet des Gläubigen an und erteilt ihm die **Absolution** (Lossprechung). Das Beichtgeheimnis verpflichtet den Priester zu Stillschweigen über das Gehörte. In der evangelischen Kirche ist die gemeinsame Beichte im Bußgottesdienst üblich.

Die **Krankensalbung** geht auf eine Stelle im Jakobusbrief zurück. Dort wird den Ältesten der Gemeinden aufgetragen, mit den Kranken zu beten und sie mit Öl zu salben. Oft wurde dieser Vorgang auch als „Letzte Ölung" Sterbenden und Schwerkranken zuteil. Heute wird darin zunehmend der Aspekt der Stärkung und Heilung der Kranken betont.

Dem katholischen Sakrament der **Priesterweihe** entspricht im evangelischen Verständnis die **Ordination** des Pfarrers bzw. der Pfarrerin. Die Priesterweihe der Katholiken ist die mittlere Weihestufe zwischen der Diakonweihe und der Bischofsweihe und wird vom Bischof gespendet. Nach katholischem Verständnis ist der Priester durch die Weihe befähigt, die Sakramente zu spenden, und wird zum Mittler des Heils zwischen Gott und den Menschen. Die evangelische Kirche geht von einem allgemeinen Priestertum aller Glaubenden aus und betrachtet daher das Amt des Pfarrers nicht als das eines Mittlers zwischen Gott und den Menschen, sondern als Aufsichts- und Seelsorgeamt.

Die **Eheschließung** gehört in der katholischen Kirche ebenfalls zu den Sakramenten und wird als Abbild des Bundes zwischen Christus und der Kirche verstanden. Die Ehe gilt nach katholischem Verständnis als unauflöslich („Was Gott zusammengefügt hat, sollen Menschen nicht scheiden"). Bei der Zeremonie der Trauung, die meist im Zusammenhang mit der Heiligen Messe vollzogen wird, sprechen die Brautleute einander vor dem Priester das Jawort zu und versprechen sich gegenseitig die Treue, was durch das Anstecken der Ringe bekräftigt wird. Der Priester segnet dann die Neuvermählten und betet gemeinsam mit den Anwesenden für sie. Für evangelische Christen ist die Eheschließung eine verbindliche Segenshandlung, die den Bund der Eheleute bestätigt.

Rituale

Der **Gottesdienst** bzw. die **Heilige Messe** ist das wichtigste Ritual des Christentums, dessen Höhepunkt die Feier der Eucharistie bzw. des Abendmahls ist. Im Gottesdienst feiert die christliche Gemeinde an Sonntagen und kirchlichen Feiertagen (oder auch öfter) die Begegnung mit Gott und bringt ihren Glauben zum Ausdruck. Zum Ablauf der Feier, der Liturgie, gehören Eröffnung, Wortgottesdienst mit Bibellesungen und Auslegung, Eucharistiefeier (katholisch) und Abschluss. Gesang mit und ohne Orgelspiel, Gebet, Dank, Lobpreis, Fürbitten, das Vaterunser und der Schlusssegen mit der Aussendung der Gläubigen sind weitere feste Bestandteile.

Die **Eucharistie** wird bei den Katholiken in jeder Hl. Messe gefeiert, während die evangelischen Christen nur etwa einmal im Monat Abendmahl halten. Unter-

! **Rosenkranz**

Der bekannteste volkstümliche Gebetsritus ist der **Rosenkranz**. Schon in der frühen Kirche kennt man, wie in vielen anderen Religionen, den Brauch, in einer Art Meditation aneinander gereihte Gebete an einer Perlenschnur abzuzählen. Seit dem 13./14. Jh. ist diese Gebetsform mit der Marienverehrung verbunden. Es werden fünf-mal zehn *Ave Maria* gebetet (kleine Perlen), dazwischen spricht man ein *Vaterunser* (jeweils markiert durch eine große Perle) und ein *Gloria Patri*. Die Abfolge dieser drei Gebete wird jeweils als Gesätz bezeichnet. Zu jedem *Gesätz* gehört auch die Betrachtung eines Ereignisses aus dem Leben Jesu und Marias. Die jeweils fünf Geheimnisse werden, je nach Themenkreis, freudenreich, schmerzhaft, glorreich und, seit 2002 von Papst Johannes Paul II. hinzugefügt, lichtreich genannt.

Papst Johannes Paul II.

Petersplatz mit Petersdom, Rom

schiede zwischen den Konfessionen gibt es auch im Verständnis dessen, was die Liturgie ausdrücken soll. Die griechisch-orthodoxe bzw. byzantinische Liturgie soll ein Abbild der Heilsgeschichte sein, welches die Gemeinde als Zuschauer aufnimmt. In der katholischen Liturgie steht die Bewahrung der Tradition und Wiederholung des Heilsgeschehens im Vordergrund, während die Liturgie für die Protestanten in erster Linie pädagogische aber auch unterweisende Funktion haben soll.

Heilige Stätten

Unter den zahlreichen Wallfahrtsorten und Pilgerwegen, die vor allem für die katholischen Christen von Bedeutung sind, gelten neben kleineren Stätten vor allem Jerusalem, Rom und Santiago de Compostela.

Jerusalem – Pilgerstätte im Heiligen Land

Christen aller Konfessionen pilgern nach Jerusalem, denn von dort aus hat sich der christliche Glaube verbreitet. Viele Stätten, an denen Jesus gewirkt hat, und die in der Bibel erwähnt werden, können hier oder in der Umgebung besucht werden. Hier liegt auch das Grab Christi, über dem Kaiser Konstantin d. Gr. (306–337) 335 die Grabeskirche erbauen ließ. Ganz Palästina wurde zum „Heiligen Land" der Christen.

Südlich von Jerusalem liegt **Bethlehem**, der Geburtsort Jesu mit der um 330 über der Geburtsgrotte von Kaiser Konstantin erbauten Geburtskirche. Ferner pilgert man zum **Jordan**, der durch Israel und Jordanien fließt, und in dem Jesus sich von Johannes taufen ließ, nach **Nazareth** und zum **See Genezareth**. Jerusalem gehört als Zentrum der Weltreligionen zum Weltkulturerbe der UNESCO.

Rom – Zentrum des frühen Christentums

Rom, die Hauptstadt des Römischen Reiches, ist von großer Bedeutung für die Geschichte des Christentums. Pilger besuchen die Apostel- und Märtyrergräber oder die Reliquien, aber auch viele historische Stätten und Kulturdenkmäler.

Für katholische Christen ist Rom zudem durch den **Vatikan** und den Papst, der dort den päpstlichen Segen erteilt, ein besonderer Anziehungspunkt. Seit dem 2. Jh. pilgern Christen zum Grab des Apostels Petrus. Kaiser Konstantin d. Gr. hatte hier eine Basilika erbaut, die später durch den **Petersdom** ersetzt wurde. Die größte Kirche des Abendlandes ist geschmückt mit Werken Raffaels und Michelangelos sowie zahlreichen anderen Kunstschätzen.

Santiago de Compostela – der Weg ist das Ziel

Der Weg zum Grab des Apostel Jakobus des Älteren in Santiago de Compostela in Galizien, Westspanien, ist der so genannte **Jakobsweg**. Das Grab soll dort im 9. Jh. gefunden worden sein. Er ist der bedeutendste Pilgerweg in Europa und führt nebenbei durch besonders malerische Landschaften. Der Weg nach Santiago de Compostela umfasst zahlreiche Routen, die quer durch Europa führen. Als besonderes Merkmal der Pilgerfahrt nach Santiago de Compostela gilt das Unterwegssein an sich. Ist man in Santiago angekommen, so beeindruckt dort die prachtvolle **Jakobus-Kathedrale** mit der berühmten Barockfassade aus dem 18. Jahrhundert. Die Altstadt von Santiago gehört zum Weltkulturerbe der UNESO. Wer

Anbetung Jesu durch die Heiligen Drei Könige

am 25. Juli, dem Namenstag des Apostels, in den Pilgerort kommt, kann das einwöchige **Jakobusfest** mitfeiern.

In ganz Europa gibt es viele weitere Wallfahrtsorte, zu denen z. B. Trier, Altötting und Kevelaer (in Deutschland), Assisi (in Italien) oder Tschenstochau (in Polen) gehören. Am bekanntesten sind **Lourdes** (in Frankreich) und **Fatima** (in Portugal), die wegen der dortigen **Marienerscheinungen** zu Wallfahrtsorten wurden.

Für orthodoxe Christen sind außer dem Heiligen Land vor allem **Konstantinopel** und der **Berg Athos** wichtige Ziele.

Religiöse Feste

Der christliche Kalender ist geprägt von Festen, Feiertagen und Gedenktagen. Beinahe jeder Tag erinnert an bestimmte Heilige oder an biblische Ereignisse. Vor allem sind es aber die großen Feste, die den Jahreslauf strukturieren und die Eckdaten des Kirchenjahres bestimmen. Die großen Feste feiern alle Kirchen gemeinsam, während es bei den Gedenktagen je nach Konfession und örtlicher Tradition große Unterschiede gibt.

Weihnachten

Weihnachten ist das Fest der **Geburt Christi**. Es wird am 25. Dezember gefeiert und beginnt bereits mit dem **Heiligen Abend** am 24. Dezember. Im 4. Jh. entschied man sich für diesen Termin, um das Weihnachtsfest als Fest der „wahren Sonne" an die Stelle eines heidnischen Festes zu setzen, das in Rom zur Wintersonnenwende zu Ehren des Sonnengottes gefeiert wurde. Im frühen Christentum feierte man die

? Schon gewusst?

Der Brauch, zu Weihnachten Krippenfiguren aufzustellen, zu denen Jesus in der Krippe, Maria und Josef, die Hirten, Kuh, Esel, Schafe und die Heiligen Drei Könige gehören, geht auf den **Hl. Franz von Assisi** (1181/82–1226) zurück. Um den Gläubigen die Armut, in die Jesus hineingeboren wurde, anschaulicher zu machen, stellte der Hl. Franziskus 1223 bei einer Weihnachtsfeier in Greccio die Geburt Christi mit echten Tieren als lebendes Bild nach.

Heiliger Franziskus

Geburt Christi am 6. Januar, wie es auch heute noch in manchen Ostkirchen üblich ist. Der Weihnachtsfestkreis beginnt mit dem 1. **Advent**, der gleichzeitig der Anfang des Kirchenjahres ist. Die vierwöchige **Adventszeit** wurde früher mit Fasten und Gebet begangen. Sie soll eine Zeit des sehnsüchtigen Erwartens der Ankunft Christi („adventus") und der Vorfreude sein.
Am 6. Januar, dem Tag des orientalischen Weihnachtsfestes, feiert die Kirche die Erscheinung des Herrn vor allen Völkern, volkstümlich wurde daraus das Fest der **Heiligen Drei Könige**.

Ostern

Das höchste und älteste Fest des Christentums ist das Osterfest. Es feiert die Auferstehung Jesu Christi, seinen Sieg über den Tod und die Errungenschaft des ewigen Lebens für alle Menschen. Ostern ist ein bewegliches Fest, d. h. es gibt keinen festen Termin, da der Ostersonntag der erste Sonntag nach dem ersten Vollmond im Frühling ist. Er liegt immer zwischen dem 22. März und dem 25. April. Als Vorbereitungszeit auf Ostern gilt die 40-tägige **Fastenzeit**, eine mit dem Aschermittwoch beginnende Zeit der Besinnung und Buße. Eine Woche vor dem Ostersonntag beginnt mit dem **Palmsonntag**, der den Einzug Jesu in Jerusalem feiert, die **Karwoche**. Auf die Feier der Abendmahlmesse am **Gründonnerstag** folgt die Betrachtung des Leidens des Herrn am **Karfreitag** und die Grabesruhe am **Karsamstag**. In der Nacht von Karsamstag auf Ostersonntag wird dann in einem feierlichen Gottesdienst die **Osternacht** gefeiert. Sie steht ganz im Zeichen der Auferstehung, dem Sieg des Lichtes über die Dunkelheit. Die Feier der Osternacht beginnt bei Einbruch der Dunkelheit mit dem Entzünden des Osterfeuers und dauert bis zum Morgengrauen. Daran schließen sich **Ostersonntag** und **Ostermontag** an, an denen die Feier der Osterfreude beginnt. Die Osternacht war in der frühen Kirche der Haupt-Tauftermin.

Dieric Bouts: Grablegung

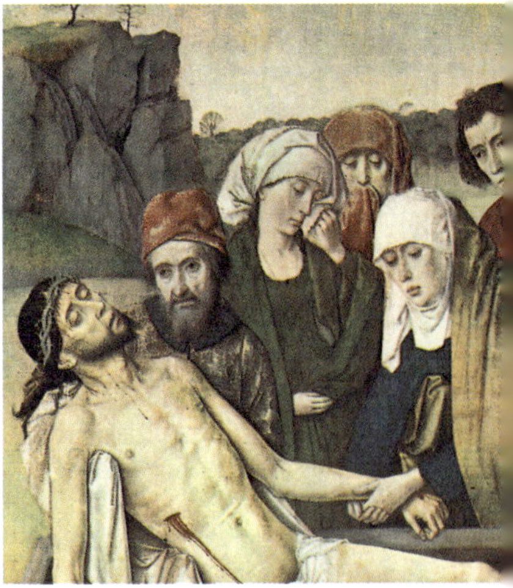

Zum Osterfestkreis gehört auch das Fest **Christi Himmelfahrt,** an dem 40 Tage nach Ostern die Auffahrt Christi zu seinem Vater in den Himmel gefeiert wird.

Den Abschluss der 50-tägigen Osterzeit bildet das **Pfingstfest** (*pentekoste hemera,* „fünfzigster Tag"). An diesem ursprünglich jüdischen Erntedankfest feiert die Kirche die Ausgießung des Heiligen Geistes in Form von Feuerzungen über die Jünger, denen dadurch besondere Gnadengaben zur Verkündigung des Evangeliums verliehen wurden. Das Pfingstereignis gilt gleichzeitig als Grundlegung der Kirche und ihres Auftrags zur Verkündigung des Evangeliums über die ganze Welt.

Zehn Tage nach Pfingsten feiern die Katholiken **Fronleichnam**, ein Fest zur Verehrung der Eucharistie, das auf die Vision der belgischen Nonne **Juliana von Lüttich** (um 1192–1258) zurückgeht. In einer feierlichen Prozession wird die Monstranz mit der geweihten Hostie aus der Kirche hinaus in die freie Natur getragen.

Spezifisch **protestantische Feiertage** sind der **Reformationstag** am 31. Oktober, der auf Luthers Anschlag der 95 Thesen an die Schlosskirche in Wittenberg zurückgeht und den offiziellen Beginn der Reformation markiert, außerdem der **Buß- und Bettag**, der am Mittwoch vor dem letzten Sonntag im Kirchenjahr begangen wird, und der **Totensonntag**, an dem die Gläubigen der Verstorbenen gedenken (am letzten Sonntag des Kirchenjahres) und ihrer Hoffnung auf die Auferstehung Ausdruck geben. Bei den Katholiken entspricht diesem Gedenktag **Allerseelen**. Einen Tag vorher, am 1. November, besuchen die Gläubigen die Gräber der Verstorbenen und schmücken sie mit Lampen. An diesem Tag feiert die katholische Kirche **Allerheiligen**, ein Fest zum Gedächtnis an alle Heiligen und alle Gläubigen, die bereits zur Vollendung gelangt sind.

! Marienfeste

In der katholischen Kirche feiert man zahlreiche Marienfeste und -gedenktage, um Maria in ihrem gläubigen Vertrauen und Gehorsam gegenüber Gott zu ehren – nur zum Teil sind diese Feste offizielle Feiertage: Hochfest der Gottesmutter Maria an Neujahr (1. Januar), Mariä Lichtmess (2. Februar), Mariä Verkündigung (25. März), Mariä Geburt (8. September) und Mariä Himmelfahrt (15. August).

Das Judentum

Mit etwa 15 Millionen Anhängern bildet das Judentum nur eine relativ kleine Religionsgruppe. Doch seiner kulturellen und geschichtlichen Bedeutung nach gehört der jüdische Glaube zu den Weltreligionen. Er ist über 4000 Jahre alt und bildet die Grundlage, auf der Christentum und Islam entstanden sind.

Die Geschichte des Judentums ist geprägt von Verfolgung und Zerstreuung. Das Bewahren des eigenen Glaubens und der Identität als Volk gegen alle Widerstände war daher vor allem in Zeiten der Verfolgung ein Kennzeichen jüdischen Lebens.

Synagoge von London, Druck aus dem 19. Jh.

Grundlehre des jüdischen Glaubens

Das Judentum leitet seinen Namen von **Juda** ab, einem der Söhne **Jakobs**, der ein Enkel des Urvaters **Abraham** war. Juda, einer der Stammväter der zwölf Stämme Israels, siedelte mit seinem Stamm im südlichen Teil von Kanaan, dem „gelobten Land" am Jordan, in das Gott Abraham geführt hatte. Juden bzw. Judäer waren also zunächst alle, die zu diesem Stamm gehörten und im gleichen Land lebten. Erst seit ihrem Exil bezeichnet der Name die Anhänger der jüdischen Religion und des jüdischen Volkes, die sich so von ihrer Umgebung unterscheiden wollten. Jude ist seitdem jeder, der von einer jüdischen Mutter abstammt oder rechtmäßig zum jüdischen Glauben übergetreten ist. Der nationale Aspekt tritt wieder in den Vordergrund, wenn heute außer diesen Juden im engeren Sinne auch deren Familienangehörige Bürger Israels, des 1948 gegründeten Staates der Juden werden dürfen.

Der einzige Gott

Das Judentum ist die älteste monotheistische Religion. Der Glaube an den einen einzigen, ewigen und wahren Gott, der allmächtig ist und alles, was ist, geschaffen hat, ist das wichtigste Kennzeichen des Judentums.

Gott liebt den Menschen, den er nach seinem Ebenbild gemacht hat. Aus Güte und Mitleid schließt er mit den Menschen einen Bund und erneuert diesen, obwohl die Menschen sich immer wieder anderen Göttern zugewandt haben.

Gott ist ganz anders, als alles, was der Mensch kennt und verstehen kann. Deshalb darf der Mensch sich kein Bildnis machen von seinem Gott. Dieses Gebot gilt für die Juden so radikal, dass selbst der heiligste Name Gottes, JHWH, nicht ausgesprochen werden darf. Nur in besonderen Situationen durfte früher der **Hohepriester** im Tempelbereich diesen Namen im vollen Wortlaut nennen. Die Juden verwenden, wenn sie von Gott sprechen, Namen wie das hebräische **Adonai** („Herr"), **El** bzw. **Elohim** („Gott"), **Eljon** („Höchster"), **ha-Schem** („der Name") oder die Formel **ha-Kadosch baruch hu** („der Heilige, gepriesen ist er").

Verbreitung des Judentums

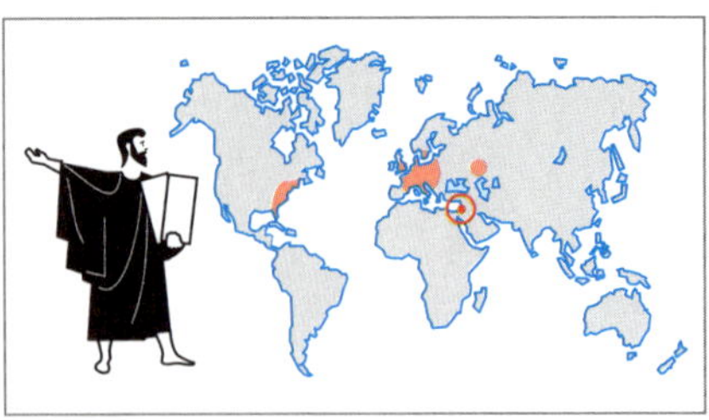

Das auserwählte Volk

Die Juden verstehen sich als das auserwählte Volk Israel, das Gott in seiner Liebe durch den ewigen Heilsbund zu seinem Eigentum gemacht hat. Israel (hebr. „Gottesstreiter") war der Ehrenname des jüdischen Stammvaters Juda.

Gott hat sein Volk in das gelobte Land **Kanaan** geführt, er hat es aus der Gefangenschaft der Ägypter gerettet und er hat Moses die *Zehn Gebote* als Gesetz des Bundes geoffenbart.

Das Volk Israel ist dadurch mit einer besonderen Aufgabe betraut. Es soll nun Zeugnis geben von der Existenz und dem Wirken Gottes und seiner Lehre. Es soll Gott mit all seinen Kräften lieben und ihm die Treue halten. Da der Mensch Ebenbild Gottes ist, ist ihm aufgetragen „Ihr sollt heilig werden, denn heilig bin ICH, euer Gott". Jeder Mensch soll sich bemühen, Gott in seiner Liebe und Treue ähnlich zu werden, indem er gehorsam ist gegenüber Gottes Weisung. Dazu gehört nach jüdischer Vorstellung die Gesetzestreue gegenüber der Tora (hebr. „Lehre", „Weisung"). Äußeres Kennzeichen des Bundes ist die Beschneidung der männlichen Juden.

Leben nach dem Gesetz

Jüdische Gesetze regeln das gesamte Alltagsleben, denn der Alltag soll in allen Bereichen geheiligt werden. Bekannt sind vor allem die Speisevorschriften, die von den meisten Gläubigen befolgt werden. Nach dem Gesetz ist nur Nahrung erlaubt, die **koscher**, d. h. rein und tauglich ist (essbare und nicht essbare Tiere sind z. B. im 3. Buch Mose aufgezählt). Säugetiere sind dann koscher, wenn sie gespaltene Hufe haben und gleichzeitig Wiederkäuer sind, was z. B. auf das Schwein nicht zutrifft. Die Tiere müssen so getötet werden, dass kein Blut fließt (Schächtung) und „Milchiges" muss von „Fleischigem" getrennt zubereitet und genossen werden. Diese Vorschrift, die sich dreimal in der Tora findet („Du sollst das Böckchen nicht in der Milch seiner Mutter bereiten"), führt dazu, dass in jüdischen Haushalten für die getrennte Zubereitung beider Nahrungsmittel viele Küchengeräte doppelt vorhanden sind.

Der Mensch hat nach jüdischer Vorstellung einen freien Willen und kann gut oder schlecht handeln. Gott vergilt gute oder schlechte Taten und er vergibt die Sünden, wenn der Mensch Buße tut.

Der Umgang mit den Mitmenschen soll von Liebe und Achtung bestimmt sein. Mildtätigkeit und Wohltätigkeit sind die Tugenden, in denen Gleichheit und Würde aller Menschen geachtet werden. Zahlreiche Einrichtungen der Armenfürsorge sind auf diese Gebote zurückzuführen.

! Die *Zehn Gebote*

1. Ich bin der Herr, dein Gott! (...) Du sollst keine anderen Götter neben mir haben.
2. Du sollst dir kein Gottesbild anfertigen.
3. Du sollst den Namen des Herrn, deines Gottes, nicht missbrauchen.
4. Halte den Ruhetag am siebten Tag der Woche, so wie es der Herr, dein Gott, befohlen hat.
5. Du sollst deinen Vater und deine Mutter ehren.
6. Du sollst nicht morden.
7. Du sollst nicht die Ehe brechen.
8. Du sollst nicht stehlen.
9. Du sollst nichts Unwahres über deinen Mitmenschen sagen.
10. Du sollst nicht versuchen, die Frau deines Mitmenschen an dich zu bringen.

Das Leben hat einen hohen Wert im Judentum und ist daher in jedem Fall zu schützen. Zur jüdischen Ethik gehört der Verzicht auf Rache ebenso wie die Feindesliebe. Nur in einer Notwehrsituation ist der Wert des Lebens über dieses Gebot zu stellen.

Erwartung des Messias

Zum jüdischen Glauben gehört die Erwartung einer Zeit des Heils, eines Reiches des Friedens, der Liebe und der Gerechtigkeit. Da Gottes Schöpfung im Ursprung gut ist („Gott sah alles, was er gemacht hatte, und da, es war sehr gut."), ist das Heil nicht außerhalb der Welt zu suchen, sondern in der Wiedererlangung der Harmonie mit Gott, wie sie am Anfang war. Mit **König David**, der von dem Propheten **Samuel** zum König gesalbt und damit in den Dienst Gottes gestellt wurde, ist für die Juden der König zum Mittler zwischen Gott und seinem Volk geworden. Seit es keine israelitischen Könige mehr gibt, hofft das Volk darauf, dass Gott einen König senden und durch ihn in die Weltgeschichte eingreifen wird. Der **Messias** (hebr. „der Gesalbte") wird das Reich Gottes wiederherstellen. Er wird in Jerusalem einziehen. Dann wird überall Frieden herrschen und alle werden an den einen Gott glauben. Ein neuer Weltzustand, so glauben die Juden, wird hergestellt werden, der auch eine Veränderung des religiösen Lebens mit sich bringt, eine neue Frömmigkeit, die den ganzen Menschen ergreift. Für die Christen ist Jesus Christus dieser Messias, den Gott gesandt hat, damit er die Menschheit von der Sünde erlöst und ihnen endgültig den Weg zum ewigen Heil ermöglicht. Für die Juden hingegen ist Jesus ein Prophet. Sie halten weiter an ihrer Vision des kommenden Reichs fest, die inzwischen einige Umdeutungen erfahren hat. So sieht der Zionismus mit der Gründung des Staates Israel diese Zeit angebrochen, andere halten den Messias für eine Symbolgestalt.

Gruppierungen und Glaubensrichtungen

Seit dem Mittelalter gibt es im Judentum die beiden großen Gruppen der **Sephardim** und der **Aschkenasim**, die sich nach ihrer regionalen Ausbreitung, in ihren Gebräuchen und in ihrer Liturgie unterscheiden. Sie erkennen sich jedoch gegenseitig an und halten beide an den Gesetzen fest. Im heutigen Staat Israel haben sich beide Gruppen gemischt.

Die **Sephardim** sind die Nachfahren der Juden, die im Mittelalter in Spanien, Nordafrika und Babylonien lebten. Sie leiten ihren Namen von dem Begriff Sefarad

ab, der Bezeichnung für das Goldene Zeitalter, das die Juden aufgrund ihrer damaligen Bildung in Spanien erlebten. Ihre Sprache war das „Judenspanisch", auch Ladino genannt. Die Sephardim waren in der Regel wohlhabend und weltgewandt, denn durch ihre stärkere Integration in die Gesellschaft des Gastlandes waren sie offener für die weltliche Kultur.
Aschkenasim heißen die jiddisch sprechenden „Ostjuden", die im späten Mittelalter von Mittel- nach Osteuropa auswanderten. Sie zeichneten sich durch besondere Frömmigkeit, Gesetzestreue und gute Kenntnisse des Talmuds aus.
Die **orthodoxen Juden** bilden eine der stärksten Strömungen innerhalb des Judentums. Gegen Aufklärung und Emanzipation hielten sie an ihren traditionellen Gebräuchen und Lebensformen fest. Sie konnten sich jedoch gerade in den sehr stark von der Aufklärung beeinflussten Ländern nicht völlig deren Einfluss entziehen. So entstand eine gemäßigte Richtung, die sich in das moderne, von Wirtschaft und Technik bestimmte Leben, integrierte. **Samson Raphael Hirsch** (1808–1888) begründete die Neoorthodoxie, die sich vor allem in den USA verbreitete.
Einen Bestandteil der Orthodoxie bildet heute der **Chassidismus**, der sich ursprünglich in Konkurrenz zu ihr entwickelte. Er ist vor allem durch die legendenhaften Geschichten bekannt, die **Martin Buber** (1878–1965) neu erzählt hat. Im Gegensatz zur jüdischen Rechtsgelehrsamkeit betont die von **Israel ben Elieser Baal Schem Tow** („Meister des guten Namens", 1700–60) gegründete Richtung des Chassidim die Freude an Gott und am Glauben, religiöse Innerlichkeit und begeisterte Spiritualität. Die Wurzeln des Chassidismus liegen bereits im frühen Judentum. Dieser ist geprägt von esoterischen Traditionen und einer mystischen Lehre, die aus der Interpretation der mystischen Schriften der Kabbala entstanden ist. Im heutigen Straßenbild fallen die chassidischen Männer durch ihre typische Kleidung auf (schwarze Hüte und Anzüge, Schläfenlocken, Bärte, Pelzhüte am Sabbat). Für jüdische Frauen gibt

Betender, orthodoxer Jude an der Klagemauer

es keine spezielle Kleiderordnung. Sie sollen sich schlicht kleiden und das Haar bedecken.

! Biblische Kunst

Marc Chagall (1887–1985), der selbst im ostjüdischen Chassidismus verwurzelt war, hat in seinen Bildern, Illustrationen und Glasfenstern viele biblische Themen und jüdische Symbole aufgegriffen. Vor allem die Gemeinsamkeiten zwischen Judentum und Christentum haben ihn immer wieder beschäftigt.

Um eine Erneuerung des Judentums im Sinne der Aufklärung und Emanzipation bemühen sich die **Reformjuden**. Die ursprünglich in Deutschland entstandene Bewegung breitete sich vor allem in den USA stark aus. Viele Traditionen und Bräuche wurden aufgegeben. Der Gottesdienst wurde gekürzt und Gebete und Predigten statt nur in Hebräisch auch in der Landessprache gesprochen. Die Gebete um Rückkehr nach Israel und Wiedererrichtung des Tempels entfielen. Als bindend erkannte man nur noch die Moralgesetze der Bibel an, die übrigen galten als historisch bedingt. Später kehrte man teilweise wieder zu traditionellen Gebeten und Gebräuchen zurück. Es blieb allerdings die Gleichstellung von Männern und Frauen und die Einsetzung von Rabbinern und Rabbinerinnen, der gemeinsame Gottesdienst von Männern und Frauen in „Familienbänken" und die Trennung von Staat und Religion. Die weltweite Dachorganisation des Reformjudentums ist die 1926 gegründete „World Union for Progressive Judaism", die ihren Hauptsitz Anfangs in New York hatte. Sie ist seit 1970 in Jerusalem angesiedelt.

Einen Mittelweg zwischen der strengen Orthodoxie und der liberalen Reform suchten die **konservativen Juden**, deren Bewegung ebenfalls von Deutschland ausging. Sie hielten daran fest, die Gebete hebräisch zu sprechen, und erklärten die Gebote, den Sabbat, die Fest- und Feiertage und die Speisevorschriften als verbindlich.

Der in den USA entstandene **Rekonstruktionismus** betont wieder stärker die Bedeutung des Landes Israel für die jüdische Identität. Ausgangspunkt ist das Buch *Judaism as a Civilization* (1935) von **Mordechai M. Kaplan** (1881–1983), in dem das Judentum als sich entwickelnde religiöse Zivilisation betrachtet wird. Religion, Kultur und Ethik sind die Grundlagen dieser Zivilisation, deren Mittelpunkt das Land Israel bildet. Die Glaubens-

! Das zentrale Gebet der Juden ist das *Sch'ma Israel*

„Höre Israel! Der Herr ist unser Gott, der Herr und sonst keiner. Darum liebt ihn von ganzem Herzen, mit ganzem Willen und mit aller Kraft. Behaltet die Gebote im Gedächtnis, die ich euch heute verkünde. Prägt sie euren Kindern ein uns sagt sie euch immer wieder vor – zu Hause und auf Reisen, wenn ihr euch schlafen legt und wenn ihr erwacht. Bindet sie euch zur ständigen Erinnerung an den Arm und auf die Stirn. Schreibt sie auf die Türpfosten eurer Häuser und auf die Tore eurer Städte."

inhalte werden sehr aufgeklärt betrachtet. Etwa gilt die Tora nicht mehr als offenbart, sondern vielmehr als Zeugnis der Auseinandersetzung des Menschen mit Gott.

Die jüdische Nationalbewegung des **Zionismus** setzte sich bereits im 19. Jh. für die Gründung eines „Judenstaates" in Palästina ein, um so die uralte Hoffnung der Juden auf eine Rückkehr in das Land Israel zu erfüllen. Die Bewegung geht zurück auf **Theodor Herzl** (1860–1904), der 1896 sein Buch „Der Judenstaat" veröffentlichte und in Basel 1897 den 1. Zionistenkongress einberief. Eine Welle von Einwanderungen nach Palästina folgte. Erst 1948 wurde der Staat Israel als rechtlich verankerte Zuflucht für alle Juden gegründet.

Theodor Herzl

Heilige Schriften

Das Judentum ist eine Buchreligion, die die Grundlage ihres Glaubens, dass was Gott Mose am Berg Sinai offenbart hat, in einer *Heiligen Schrift,* der *Tora*, bewahrt. Die Tora hat höchste Autorität in Glaubensfragen und enthält die wichtigsten Gesetze, die das jüdische Leben bestimmen. Daher kommt für die praktische Anwendung eine lange Tradition von Auslegungen und Kommentaren hinzu. Schriftgelehrtheit ist für die Juden wichtig, damit sie das „Gesetz des Mose" möglichst auf Hebräisch deuten, lesen und verstehen können. Bildung und Erziehung haben im jüdischen Leben daher einen hohen Stellenwert.

Die Tora – Offenbarung und Gesetz

Auf dem Berg Sinai, so die jüdische Vorstellung, hat Gott sich

Mose offenbart und ihm auf zwei Steintafeln die zehn Gebote gegeben. Mose soll nach dieser Offenbarung die fünf Bücher Mose, den *Pentateuch* oder hebr. *Chumasch*, niedergeschrieben haben. Diese Bücher bilden die *Tora* (hebr. „Weisung", „Lehre") im engeren Sinne. Im weiteren Sinne können damit alle Bücher der *Hebräischen Bibel* (*Tenach*) gemeint sein. Auch wenn die Bibelwissenschaft inzwischen belegt hat, dass der *Pentateuch* sich aus verschiedenen Quellen unterschiedlicher Verfasser zusammensetzt, ist dieser älteste Teil der *Hebräischen Bibel* die Grundlage des jüdischen Lebens und Glaubens. Für gläubige Juden ist die *Tora* heilig und ihre 613 Gesetze (245 Ge- und 368 Verbote) sind, zumindest für die orthodoxen Juden, absolut verbindlich.

Der *Tenach* – die Hebräische Bibel

Gemeinsam mit der *Tora* bilden *Newiim* und *Ketuwim* die *Hebräische Bibel*. Ihr Name, *Tenach*, ist ein Kunstwort, das aus den jeweils ersten Buchstaben der Namen für die drei Schriften (T, N und K) zusammengesetzt ist. Der *Tenach* enthält ungefähr den gleichen Text wie das *Alte Testament* der christlichen Bibel. In der *Tora* sind die fünf Bücher Mose zusammengefasst, die Lehre der *Newiim* („Propheten") umfasst die prophetischen Bücher *Josua, Richter, Samuel, Könige, Jesaja, Jeremia, Ezechiel* und zwölf weiterer Propheten. Im dritten Teil, dem *Ketuwim* („Schriften"), stehen die *Psalmen*, die Bücher *Ruth, Esther, Hiob*, das *Hohe Lied* und die Klagelieder. Allerdings sind diese Schriften im *Tenach* anders geordnet und gezählt als in der Bibel. Anstelle der 39 alttestamentlichen Bücher der Bibel zählen die Juden nur 24. Der Textumfang bleibt dabei gleich.

Der *Talmud* – Gesetz und Auslegung

Auf einen verbindlichen Kanon der 24 Bücher der *Hebräischen Bibel* einigte man sich im 1. Jh. n. Chr. auf Rabbinerversammlungen in Jerusalem (65 n. Chr.) und Jabne-Jamnia (ca. 90 n. Chr.). Etwa um diese Zeit begann man die lange schon mündlich überlieferten Auslegungen der Heiligen Schriften zu sammeln. In den Auslegungen ging es darum, Richtlinien zu finden, nach denen man jeweils angesichts der aktuellen Lebensumstände das Gesetz angemessen erfüllen konnte. Im 2. Jh. n. Chr. wurden diese Sammlungen geordnet und schriftlich festgehalten. Eine Übersicht der bis dahin entstandenen Gesetzesüberlieferungen (*halacha*) erschien zu dieser Zeit in der *Mischna* (hebr. „mündliche Wiederholung"). In sechs Abhandlun-

Moses auf dem Berg Sinai

Moses mit den Zehn Geboten

Die Bücher der *Tora (Pentateuch)*

Anders als im *Alten Testament* erhalten die fünf Bücher Mose in der *Tora* ihre Namen nach den ersten Worten des Urtextes:

1. Das *Buch Bereschit* („Im Anfang")
2. Das *Buch Schemot* („Er rief")
3. Das *Buch Wajikra* („Namen")
4. *Das Buch Bemidbar* („In der Wüste")
5. Das *Buch Dewarim* („Reden")

gen sind hier die Gesetze zu allen wichtigen Bereichen des Lebens zusammengefasst: 1. Landbau (*Seraim*, „Saaten"), 2. Feste (*Moed*), 3. Frauen (*Naschim*), 4. Zivil- und Strafrecht (*Näsikin*), 5. Opfer und Geweihtes (*Kodaschim*), 6. Reines und Unreines (*Toharot*). In den wichtigsten Akademien Palästinas und Babylons wurden diese Lehrsätze ständig diskutiert und weiter ausgelegt. Die schriftlich erfassten Diskussionen zu den sechs Ordnungen (*Seder*) werden als *Gemara* (aram. „Vollendung") bezeichnet und sind auf Aramäisch verfasst. *Mischna* und *Gemara* zusammen bilden den *Talmud* (hebr. *lamad*, „Studium", „Belehrung"). Man unterscheidet den Jerusalemer Talmud, der im 5. Jh. n. Chr. entstand, und den umfangreicheren und bedeutenderen babylonischen Talmud, der im 6./7. Jh. n. Chr. geschrieben wurde. Der gesamte Talmud besteht größtenteils aus Gesetzesdiskussionen (*halacha*) und einem kleineren Teil mit Erzählungen (*haggada*), der einen Einblick in das jüdische Leben zur damaligen Zeit gibt. 1520–23 erschien in Venedig eine gedruckte Ausgabe des Talmud, die zum Standard für Drucke und die Zitierweise des Talmud wurde.

Die *Kabbala*

Die Tradition der jüdischen Mystik ist in der *Kabbala* (hebr. „Empfangenes") überliefert.
Hauptwerke der *Kabbala* sind das *Sefer ha-Bahir* („Buch der Glanzes"), das im 12. Jh. n. Chr. in Südfrankreich entstand, und das *Sefer ha-Sohar* („Buch des Lichtglanzes"), das im 13./14. Jh. n. Chr. in Spanien verfasst wurde. Die darin zusammengestellten Traditionen beschäftigen sich jeweils mit den *Sefirot*, den zehn Elementen und Dimensionen der Schöpfung („Zehn Abglänze" oder „Zehn Gewänder der Gottheit"), in denen sich der unendliche, unerklärbare Gott in der Welt offenbart. Zentrum der kabbalistischen Bewegung war zunächst Spanien. Als die Juden 1492 aus Spanien vertrieben wurden, übernahm der Ort **Zefat** in Galiläa diese Funktion. Wer versucht, nach der Lehre der *Kabbala* zur Erkenntnis Gottes zu gelangen, vertieft sich in die verborgenen Mysterien der *Tora* und Gottes, wie sie in den Geheimtraditionen und der jüdischen Esoterik zu finden sind. Ein Weg dazu ist die Konzentration auf einzelne Worte eines kabbalistischen Textes und deren Struktur. Im Hebräischen hat jeder Buchstabe einen bestimmten Zahlenwert, sodass einem Wort jeweils eine Summe zugeordnet werden kann. Worte, die den gleichen Zahlenwert haben, vom Sinn her aber zunächst nicht in Verbindung miteinander zu stehen scheinen, stehen nach der kabbalistischen Zahlenmystik dennoch in einem geheimnisvollen Verhältnis zueinander.
Der wichtigste Weg zu Gott ist jedoch für den Mystiker der Kabbala das Gebet. Dazu wird eine Haltung der Innerlichkeit vorausgesetzt, zu der Sammlung, innere Leere und Gelassenheit gehörten.
Die Lehre der Kabbala, die heute vor allem den **Chassidismus** prägt, hat die Menschen zu allen Zeiten fasziniert. Seit dem 15. Jh. n. Chr. interessierten sich christliche Gelehrte dafür, die darin Anhaltspunkte für christliche Glaubenswahrheiten zu finden meinten. Im 20. Jh. begründete der jüdische Wissenschaftler **Gershom Scholem** (1897–1982) die Erforschung der Kabbala als akademische Disziplin.

Religiöse Oberhäupter

Da die Juden seit der Zerstörung des Tempels überall auf der Welt verteilt leben, ist der Zusammenhalt in kleinen Gruppen für den Erhalt ihres Glaubens und ihrer Tradition besonders wichtig geworden. So sind vor allem Familie und Synagoge die Zentren des gläubigen Lebens. Die wichtigsten Funktionen in der zu einer Synagoge gehörenden Gemeinde haben der Rabbiner und der Vorbeter oder Kantor inne.

Der Rabbiner – Lehrer des Gesetztes

Als Rabbi („mein Meister") bezeichnete man ursprünglich nur besonders ausgezeichnete Toragelehrte oder Experten des jüdischen Rechts. Auch heute ist der Rabbiner noch ein Toragelehrter, zudem aber der Leiter der jüdischen Gemeinde und Experte des jüdischen Rechts. Er hat zwar keine besondere Funktion im Gottesdienst, aber seine Aufgaben in der Gemeinde sind mit der Zeit immer umfangreicher und umfassender geworden.

War er früher hauptsächlich Richter auf der Grundlage der *Halacha* und zuständig für Zeremonien mit Rechtscharakter wie etwa die Eheschließung, so kommen heute Lehre, Predigt und Seelsorge hinzu, in manchen Fällen auch die Aufgaben des Kantors. Rabbiner wurden früher in speziellen **Talmudhochschulen** ausgebildet und erhalten ihre Bildung seit dem 19. Jahrhundert meist in Rabbinerseminaren. Sie können drei Stufen der Rechtsgelehrsamkeit erreichen und danach bestimmte Handlungen vornehmen, von der Entscheidungsbefugnis bei der Frage nach Verbot oder Erlaubnis über Fragen des Zivilrechts bis hin zur Ehescheidung.

Um die Ordination (**Semicha**) zu erhalten, müssen drei ordinierte Rabbiner den Kandidaten als Richter im jüdischen Recht anerkennen und dann anschließend eine entsprechende Urkunde unterzeichnen. Die Gemeinde wählt den Rabbiner für eine gewisse Zeit und beauftragt ihn mit der Gemeindeleitung.

? Schon gewusst?

1972 wurde in den USA die erste Frau als Rabbinerin ordiniert. Inzwischen sind die Hälfte der Studierenden an den amerikanischen Rabbinerseminaren Frauen und die Frauenordination wird mehr und mehr anerkannt. In Deutschland gibt es zurzeit allerdings erst eine Rabbinerin.

Der Kantor – von der Schrift zum Klang

Die liturgische Leitung des Gottesdienstes in der Synagoge hat in der Regel der Kantor (hebr. Chasan oder Schaliach Zibbur) oder Vorbeter inne. Er spricht im Wechsel mit der Gemeinde die Gebete und übernimmt die Toralesung. Dabei wird im Jahreszyklus jeweils ein festgelegter Abschnitt vorgelesen. Vor allem die Toralesung stellt einige Anforderungen an den Kantor. Er muss in der Lage sein, den handgeschriebenen Text in fließendem Hebräisch in einer Art Sprechgesang vorzutragen. Dazu braucht er nicht nur gute Hebräischkenntnisse, sondern muss auch geübt sein, da der Text keine Vokale und keine Akzente enthält. Im Laufe der Zeit übernahm der Kantor noch weitere Gesänge und klangvolle Gebete. Es entstand eine spezielle Kantorenausbildung, bei der auch auf die Stimmbildung Wert gelegt wurde. Außer bei den orthodoxen Juden können auch Frauen Kantorinnen werden.

Symbole und Rituale

Zahlreiche Symbole und Rituale gehören zum Leben des gläubigen Juden. Sie sollen dazu beitragen, dass der Lobpreis Gottes und die Erfüllung des Gesetzes alle Situationen des Alltags prägt. Gleichzeitig sind sie Erkennungszeichen der Juden unter Andersgläubigen. Der wichtigste Kultgegenstand des jüdischen Gottesdienstes in der Synagoge ist die **Torarolle**.

Torarolle, Skizze

Sie wird im **Toraschrein** aufbewahrt, dem heiligsten Teil der Synagoge, der häufig mit einer Nachbildung der Gesetzestafeln aus Stein verziert ist. Meist befindet er sich an der Ostwand (Richtung Jerusalemer Tempelberg), hinter einem kunstvoll gearbeiteten Vorhang. Davor brennt ein „ewiges Licht", das an das Licht im inzwischen zerstörten Tempel in Jerusalem erinnern soll.

Für die Herstellung der Torarolle gelten strenge Vorschriften. Auf zusammengenähte Pergamentstücke wird mit spezieller Tinte, in besonders schöner Schrift, der hebräische Text (von rechts nach links) geschrieben. Über zwei seitliche Holzstäbe wird das Pergament dann aufgerollt. Die Silberkrone am oberen Ende der Stäbe steht für die Königsherrschaft der Tora über das jüdische Leben. Mit dem **Torawimpel**, einem schmalen Band, wird die Rolle zusammengehalten. Zusätzlich wird die Torarolle in einen samtenen **Toramantel** gehüllt, der bestickt und mit Bändern verziert ist. Bei den sephardischen Juden wird die Torarolle in einem trommelartigen Behälter aus Holz oder Silber aufbewahrt, der über Scharniere aufgeklappt werden kann und ebenfalls kunstvoll verziert ist.

Während des Gottesdienstes wird die Torarolle in einem festgelegten Zeremoniell aus dem Schrein genommen und auf das leicht erhöhte Lesepult (Birma) gelegt. In einer Art Sprechgesang rezitiert dann der Kantor oder der Rabbiner den Text des Tages. Um das Pergament nicht zu berühren, verwendet man beim Vorlesen einen **Torazeiger** (Jad, hebr. „Hand"), an dessen Spitze eine Hand mit gestrecktem Zeigefinger nachgebildet ist. Nach der Lesung wird die Torarolle feierlich in den Toraschrein zurückgetragen.

Auch in der eigenen Wohnung verehren die Juden die göttliche Offenbarung durch die Tora. In der **Mesusa**, einer Kapsel mit Pergamentrollen, wird sie an Haus- und Wohnungstüren angebracht, und am rechten Pfosten eines jeden Zimmers, außer Bad und Toilette. Auf dem Pergament steht der Text zweier Bibelstellen, in denen sich der Anfang des *Schema*-Gebetes findet. Die Mesusa soll an die Gegenwart Gottes erinnern. Betritt oder verlässt man das Haus, so ist es üblich, die Mesusa zu küssen bzw. mit der Hand zu berühren.

Menora

Ein sehr bekanntes jüdisches Symbol ist der siebenarmige Leuchter, die **Menora**. Sie wurde während der 40-jährigen Wanderung der Israeliten durch die Wüste auf Befehl Gottes angefertigt. Aus reinem Gold gemacht gehörte sie zum Kultgerät des Stiftzeltes und dann des Tempels. Seit dessen Zerstörung ist sie verschwunden. Die sieben Arme der Menora stehen für die sieben Weltrichtungen (Ost, West, Nord, Süd, oben, unten und der Standort des Betrachters). Doch erst wenn mit dem Kommen des Messias der Tempel endgültig wieder aufge-

Magen David

baut wird, darf die Menora im Original wieder hergestellt werden, deshalb müssen sich alle Nachbildungen von ihr unterscheiden. Als Symbol für die Hoffnung auf den Messias findet sich die Menora seit der Antike auf vielen Gegenständen. Heute ist sie auch offizielles Emblem im Wappen des Staates Israel.

Zum Erkennungszeichen des Judentums wurde der **Magen Davids** (hebr. „Davidschild"). Zwei übereinander gelegte Dreiecke bilden einen Stern mit sechs Zacken. Viele Völker des Ostens kannten diese Art der geometrischen Verzierung. Im 14. Jh. machte die jüdische Gemeinde in Prag sie zu ihrem Kennzeichen. Man wollte darin die Verbindung der Elemente Feuer und Luft erkennen. Der Zionismus erhob den Magen Davids zum Symbol für die Nationalbewegung, daher ist er heute auf der israelischen Flagge zu finden.

Symbolwert haben auch die **Kleiderregeln**, an die sich vor allem die orthodoxen Juden halten. Im Gottesdienst sind jedoch bestimmte Kleidungsstücke immer Pflicht. Dazu gehört vor allem das Scheitelkäppchen (**Kippa**), eine kleines, rundes Käppchen, über dem orthodoxe Juden meist noch einen schwarzen Hut tragen. Jüdische Männer tragen die Kippa grundsätzlich beim Gebet, manche auch den ganzen Tag über. Schläfenlocken und Bart der orthodoxen Juden gehen auf biblische Vorschriften zurück „Ihr sollt euer Kopfhaar nicht rundum abschneiden. Du sollst deinen Bart nicht stutzen". Den **Tallit**, den Gebetsmantel mit schwarzen oder blauen Streifen an den äußeren Seitenrändern, tragen erwachsene Männer beim Morgengottesdienst. An den vier Enden des Tallit werden Quasten angenäht. Moderne Orthodoxe und Reformjuden tragen statt des Tallit einen **Gebetsschal** mit vier Quasten an den vier Enden. Bei den Gottesdiensten in der Woche sollen sich alle religionsmündigen Juden die Gebetsriemen (**Tefillin**) umbinden. Dabei handelt es sich um zwei schwarze Lederriemen, an denen jeweils eine Kapsel befestigt ist. Sie enthält Pergamente mit Torastellen. Die Riemen werden an den linken Oberarm und an die Stirn angebunden.

Rituale

Das erste wichtige Ritual im Leben eines männlichen Juden ist die **Beschneidung** (hebr. Berit Mila). Sie ist das wichtigste Zeichen des Bundes Abrahams mit Gott. Wenn keine gesundheitlichen Gründe dagegensprechen, wird ein neugeborener jüdischer Junge spätestens am achten Tag nach seiner Geburt beschnitten. Ein **Mohel** („Beschneider"), der heutzutage häufig Arzt ist, spricht ein Gebet und durchtrennt dann die Vorhaut des Gliedes. Der Vater des Jungen spricht danach ein Segensgebet. Der Junge erhält bei dieser Zeremonie auch seinen Namen. Mädchen erhalten ihren Namen meist am ersten Sabbat nach der Geburt in der Synagoge. Mit 13 Jahren gilt ein jüdischer Junge als religionsmündig. Durch die **Bar-Mizwa**-Feier wird er als Mitglied mit allen Rechten und Pflichten in die Gemeinde aufgenommen. Er muss nun als „Sohn des Gebots" (Bar Mizwa) alle Gebote des Judentums beachten und ist selbst für seine Taten verantwortlich. Während der feierlichen Zeremonie darf der Junge zum ersten Mal aus der Tora vorlesen und bekommt die Gebetsriemen umgelegt. Jüdisch erzogene Jungen können bis dahin meist schon Hebräisch, die anderen lernen es zur Vorbereitung auf die Feier. Ein Junge, der Bar Mizwa gefeiert hat, kann nun zum Minjan hinzugezählt werden, der Anzahl von zehn religionsmündigen Männern, die bei jeder wichtigen religiösen Handlung anwesend sein müssen.

? Schon gewusst?

Seit dem 19. Jh. gibt es auch für Mädchen die **Bar-Mizwa**-Feier. Mädchen gelten bereits mit zwölf Jahren als religionsmündig.

Die **Eheschließung** wird von allen Juden angestrebt. Die Ehe gilt als von Gott gewollt. Beide Partner sollen darin Erfüllung finden, aber möglichst auch Kinder haben. Darin gilt die Ehe als Abbild der Schöpfung, während Ehelosigkeit als Makel angesehen wird. Beide Ehepartner bereiten sich durch Fasten auf die Eheschließung vor. Die eigentliche Zeremonie wird meistens von einem Rabbiner durchgeführt. Unter einem Baldachin (**Chuppah**) findet die Eheschließung statt: Ein Glas Wein wird getrunken, die Brautleute sprechen die Trauformel und tauschen die Ringe, der Ehevertrag (*Ketubba*) wird vorgelesen und von Zeugen unterzeichnet und es werden sieben Segensgebete gesprochen. Als Erinnerung an die Zerstörung des Tempels zertritt der Bräutigam ein Glas. Daraufhin wünschen die Gäste „Gut Glück" (hebr. masal tow) und die allgemeine Feier beginnt.

Die Juden glauben an die Auferstehung („Wiederbelebung") der Toten und in verschiedenen Formen auch an die Unsterblichkeit der Seele. Da ein Toter als rituell unrein gilt, soll er möglichst schnell beerdigt werden, was die Beerdigungsbruderschaft der Gemeinde übernimmt. Von dem nächsten männlichen Angehörigen wird das **Kaddisch**-Gebet gesprochen. Die Trauerzeit der

Hinterbliebenen ist unterteilt in die erste Woche, den ersten Monat und das erste Jahr, sodass sie schrittweise wieder am Alltagsleben teilnehmen. Nach einem Jahr wird die **Jahrzeit** begangen.

Heilige Stätten

Alle in der Diaspora („Zerstreuung") lebenden Juden wünschen sich, nach **Jerusalem**, an den Ort des Tempels, zurückkehren zu können. „Nächstes Jahr in Jerusalem" lautet der Wunsch, den man sich nach dem Pessachmahl zuspricht. Jerusalem hat daher auch als Pilgerort bei den Juden höchste Priorität, gefolgt von den Städten **Hebron**, **Tiberias** und **Zefat**.

Jerusalem – die heilige Stadt

Alles jüdische Leben kreist um die Stadt Jerusalem (hebr. „Stadt des Friedens"), um das reale, historische Jerusalem als Pilgerstätte ebenso wie um das erwartete, das, nach jüdischem Glauben, mit der Ankunft des Messias wiedererrichtet werden soll. In Jerusalem, das als heiliger Ort die Gebetsrichtung der Juden vorgibt, stand der **Tempel Salomos** aus dem 10. Jh. v. Chr., der 586 v. Chr. durch **König Nebukadnezar** zerstört wurde. Der 520–516 v. Chr. erbaute zweite Tempel wurde 70 n. Chr. zerstört. Übrig geblieben ist nur die Umfassungsmauer des Tempelberges auf der Westseite, die **Klagemauer**.
Aus aller Welt pilgern Juden dorthin, um nach einer festgelegten Ordnung zu beten. Auf der rechten Seite beten die Frauen, links die Männer. Häufig stecken sie dabei kleine Zettel mit Gebeten in die Ritzen der Mauer. Heute noch ist die Mauer Symbol für den Tempel und Mahnmal für seine Zerstörung.

Betende Juden an der Klagemauer

Hebron und die Höhle von Machpela

In der judäischen Stadt Hebron (arab. Al-Khalil, „Der Freund Gottes"), die südlich von Jerusalem liegt, sollen sich in der **Höhle von Machpela** die Grabstätten Adam und Evas sowie der jüdischen Erzväter (Abraham, Isaak und Jakob) und Erzmütter (Sara, Rebekka und Lea) befinden. Abraham kaufte die Höhle, um darin seine Frau Sara bestatten zu können. Hebron ist auch für Christen und Muslime eine heilige Stadt und Ziel von Pilgerreisen. **Herodes I.** ließ die Höhle versiegeln und einen Tempel darauf bauen. Die Byzantiner errichteten auf den Grundmauern 1115 eine christliche Basilika, aus der die Muslime die **Ibrahim-Moschee** machten.

König David wurde in Hebron zum König von Juda gekrönt und regierte sieben Jahre lang von dort aus. Im 16. Jh. n. Chr. wurde Hebron zudem ein spirituelles Zentrum der sephardischen Juden. Die Kabbalisten gründeten 1659 dort eine bedeutende Talmud-Akademie (Jeschiwa).

Tiberias – Zentrum der Gesetzeslehre

Der römische **Kaiser Tiberius** (Reg. 14–37 n. Chr.) gründete 21 n. Chr. diese Stadt am Westufer des Sees Genezareth. Nach der Zerstörung Jerusalems bildete sich dort ein Zufluchtsort und geistiges

Hugo van der Goes: Sündenfall, 15. Jh.

Zentrum für die Juden. In Tiberias wurden der Jerusalemer Talmud und die Mischna (Gesetzessammlung) in schriftlicher Form zusammengestellt.

Zefat – Stadt der Mystik

Zefat (auch Safed oder Safad) ist eine kleine, malerische Stadt in Galiläa. Sie wurde vermutlich von **Josephus Flavius** (37/38 – um 100 n. Chr.) gegründet. Aus Spanien und Portugal vertriebene Sephardim gründeten hier im 16. Jh. ein neues geistiges Zentrum des Judentums. Seit dem 16. Jh. ist Zefat auch die Stadt der Kabbala. Wichtige Werke wurden hier verfasst, u. a. jene, in denen **Moses Cordovero** (1522–1570) die Lehre der Kabbala systematisch darstellte.

Religiöse Feste

Das Judentum kennt zahlreiche Feste und feiert sie meist mehrere Tage lang. Dabei unterscheidet man hohe Feiertage („ehrfurchtsvolle Tage") von Wallfahrtsfesten und so genannten kleinen Festen, die an ein historisches Ereignis erinnern. Die wichtigsten Feste wie Jom Kippur oder Pessach werden auch von Juden begangen, die kaum oder gar nicht religiös sind.

Weil der jüdische Kalender ein **Mondkalender** ist und der weltliche Kalender sich nach der Sonne richtet, fallen die Feiertage nach dem weltlichen Kalender von Jahr zu Jahr auf unterschiedliche Tage. Man setzt daher in den kürzeren Mondkalender manchmal einen 13. Monat ein, sodass zumindest die Jahreszeit, in die ein Feiertag fällt, gleich bleibt.

Ein Feiertag, der wöchentlich begangen wird, ist der **Sabbat** (von hebr. Schabbat, „ruhen"). Er beginnt am Freitagabend mit Einbruch der Dunkelheit und endet am Samstagabend mit dem Aufgehen der Sterne, denn in der jüdischen Vorstellung dauert ein Tag von einem Sonnenuntergang bis zum nächsten. Gott selbst hat am siebten Tag der Schöpfung geruht und so erinnert dieser Tag an die Vollendung der Schöpfung und außerdem an den Auszug der Israeliten aus Ägypten. Der Sabbat

Sabbat

gilt als heilig, er soll ein Vorgeschmack der erwarteten Heilszeit sein und ist daher ein Tag der Ruhe, der Freude, des Gottesdienstes und der Familie. Religiöse Pflicht ist es, an diesem Tag die Sabbatruhe einzuhalten. Weder Mensch noch Tier darf am Sabbat arbeiten, hinzu kommen viele weitere Regelungen, wie z. B. die, nicht mehr als 2000 Ellen aus der Stadt zu gehen. An diesem Tag treten die Zwänge des Alltags zurück. Die Menschen sollen sich aneinander und an der Natur erfreuen und möglichst nicht in das Verhältnis von Mensch und Natur eingreifen.

Der Sabbat beginnt damit, dass die Hausfrau die Sabbatkerzen anzündet und einen Segen spricht. Danach darf kein Licht oder Feuer mehr angezündet werden, die Wohnungsbeleuchtung steuert dann eine Zeitschaltuhr.

In der Synagoge wird zum Empfang des Sabbats das Lied *Lecha*

Dodi gesungen („Geh, mein Geliebter, entgegen der Braut, lass uns den Sabbat freundlich empfangen", verfasst von dem Mystiker **Salomo Alkabez**, um 1505 bis 1576).
Die Familie nimmt, nach verschiedenen rituellen Segnungen über den Wein, die zwei Sabbatbrote und der Familienmitglieder, gemeinsam das Sabbatmahl ein, das schon vorher zubereitet wurde. Mit der Hawdala-Zeremonie, zu der eine weitere Segnung über Wein und Gewürze, gehört, und bei der eine besondere Kerze verwendet wird, endet der Sabbat am nächsten Abend.
Zu den höchsten Feiertagen gehört bei den Juden das Neujahrsfest **Rosch ha-Schama**. Es wird meist um den 18/19. September gefeiert. Der Neujahrstag gilt bei den Juden als Gerichtstag. Die Menschen werden an diesem Tag in die Gerechten, die Bösen und die große Gruppe derer, die dazwischen liegen, eingeteilt. Die Mehrheit der Menschen hat nun zehn Tage Zeit zur Buße und Versöhnung, bis am Versöhnungstag (Jom Kippur) über sie das Urteil gesprochen wird. Wenn der Neujahrsgottesdienst nicht auf einen Sabbat fällt, wird der Tag durch das Blasen des **Schofar**, eines lang gebogenen Widderhorns, eingeleitet, das einen ungewohnten, durchdringenden Ton erzeugt.
Der höchste Feiertag der Juden ist **Jom Kippur**, der Versöhnungstag. Er findet zehn Tage nach dem Neujahrsfest statt. Alle erwachsenen Juden sollen vom Sonnenuntergang des Vortages bis zur Abenddämmerung fasten, ihre Sünden bekennen und Bußgebete verrichten. Üblich ist auch, dass die Gläubigen an diesem Tag weiß gekleidet sind. Die meisten besu-

Rabbiner bläst das Schofar

chen die Synagoge, manche verbringen dort den ganzen Tag. Der Gottesdienst wird mit einer besonderen Liturgie gefeiert. Mit dem Ertönen des Schofar wird der Feiertag abgeschlossen.
Sieben Tage lang dauert das Laubhüttenfest, **Sukkot**, das zu den Wallfahrtsfesten (Naturfeste aus Kanaan) gehört. Es findet Anfang Oktober statt und ist gleichzeitig Erntedankfest und Erinnerung daran, wie Gott die Israeliten bei ihrer 40-jährigen Wanderschaft durch die Wüste geführt und beschützt hat. Wie die Israeliten in der Wüste, sollen auch die jüdischen Familien an diesen Tagen in einer Laubhütte (Sukka) leben. Nach bestimmten Vorschriften baut die Familie gemeinsam auf dem Balkon oder im Garten eine Hütte. Zumindest die Hauptmahlzeiten werden darin eingenommen, und wenn es nicht zu kalt ist, kann die Familie sogar in der Hütte schlafen. Als Zeichen des Erntedanks wird der **Lulaw** (hebr. „junger Zweig") gebunden. Er besteht aus einem Palmzweig, drei Myrtenzweigen und zwei Bachweidenzweigen. In der anderen Hand hält man eine Zitrone oder einen Paradiesapfel (Etrog). Zum Zeichen, dass Gott den gesamten Raum beherrscht, wird der Strauß in alle Richtungen geschwenkt. Mit dem letzten Tag des Laubhüttenfestes wird auch der Jahreszyklus der Toralesung abgeschlossen und ein neuer Zyklus begonnen. Das **„Fest der Torafreude"** (Simchat Tora) wird mit überschwänglicher Freude gefeiert. Die Torarollen werden in einer Prozession mit Rufen und Tanz um die Synagoge getragen.
Zu den Wallfahrtsfesten gehört auch das achttägige **Pessachfest**, an dem die Juden ihre Befreiung aus ägyptischer Gefangenschaft feiern. Es beginnt am 28. März. Pessach, das „Fest der ungesäuerten Brote", ist ebenfalls ein Erntefest. Während des Festes darf nichts Gesäuertes gegessen werden, also auch kein Brot, das mit Sauerteig oder Hefe hergestellt ist. Dadurch wird daran erinnert, wie das Volk bei seinem hastigen Auszug aus Ägypten nur den ungesäuerten Teig mitnehmen konnte. Am Vortag muss das Haus von allen gesäuerten Lebensmitteln gründlich gereinigt werden. Die Juden essen zum Pessachfest so genanntes **Mazzot** (Mazza), eine Art Knäckebrot in Fladenform.
In der ersten Nacht des Pessachfestes wird der **Sederabend** begangen. Man feiert ihn als Familienfest zu Hause, nicht in der Synagoge. Zuerst wird die Geschichte vom Auszug aus Ägypten vorgelesen. Die Kinder inszenieren ein Frage- und Antwortspiel, bei dem der Jüngste fragt: „Was unterscheidet diese Nacht von allen anderen Nächten?". Man vergegenwärtigt sich die

Situation der Israeliten durch zahlreiche symbolische Speisen wie Bitterkraut (für die schwere Zeit in Ägypten) oder Wein, Eier und frisches Grün als Zeichen für die neu gewonnene Freiheit und die Hoffnung auf Frühling und Neugeburt. Manche Elemente des Pessachfestes finden sich im christlichen Osterfest wieder.

Das dritte Wallfahrtsfest, **Schawuot**, wird im Mai gefeiert, sieben Wochen nach Pessach. Schawuot ist ein Erntefest (zum Ende der Gerstenernte), erinnert aber gleichzeitig an die Offenbarung Gottes in der Tora auf dem Berg Sinai und damit an die Entstehung der jüdischen Religion. Man isst Milchspeisen, als Zeichen, dass die Tora wie die Milch jeden ernährt. Schawuot ist ein fröhliches Fest, bei dem Torarollen und Toraschrein mit Blumen geschmückt werden.

Im Winter feiern die Juden **Chanukka** (hebr. „Einweihung"), ein achttägiges Lichterfest, das am 10. Dezember beginnt. Es geht auf den Aufstand der Makkabäer gegen den syrischen **König Antiochus IV. Epiphanes** (Reg. 175–154 v. Chr.) in Palästina zurück. Der König hatte den zweiten Tempel entweiht, doch Juda Makkabäus konnte ihn 164 v. Chr. wieder einweihen. Die Makkabäer fanden jedoch, so die Legende, nur so wenig Öl im Tempel, dass sie damit die Menora nur einen Tag lang zum Leuchten bringen konnten. Durch ein Wunder jedoch reichte das Öl acht Tage lang, bis die Juden neues gefunden hatten. Daher kommt der Brauch, zum Chanukkafest die Chanukkia, einen achtflammigen Leuchter, zu entzünden. Jede Nacht wird ein weiteres Licht angezündet, bis alle acht Lichter brennen. Zu dem Familienfest gehört auch, dass man Geschenke austauscht, bestimmte Süßspeisen isst und sich mit Kreiselspielen vergnügt.

Auch das **Purimfest**, das Ende Februar gefeiert wird, geht auf ein biblisches Ereignis zurück. Perserkönig Ahasveros wurde, so erzählt es das biblische Buch *Esther*, von seinem Minister Haman aufgehetzt, die Juden, die in seinem Reich lebten, ermorden zu lassen. Der Tag dafür sollte durch Lose (pers. Pur, „Los", Purim, „Lose") bestimmt werden. Doch Esther, eine der Lieblingsfrauen des Königs, konnte durch ihren mutigen Einsatz ihr Volk retten. In der Synagoge liest man an diesem Tag die Ester-Rolle vor. Immer wenn der Name Hamans fällt, wird z. B. mit Rasseln Lärm gemacht. Häufig wird die Geschichte auch in Theaterstücken nacherzählt. Purim ist ein ausgelassenes Fest, zu dem gehört, dass man verschiedene Süßigkeiten isst (z. B. „Haman-Ohren") und viel Wein trinkt.

Der Islam

Obwohl der Islam erst seit etwa 1400 Jahren existiert und damit die jüngste der Weltreligionen darstellt, ist er doch mit 1,2 Milliarden Gläubigen nach dem Christentum die zweitgrößte Religionsgemeinschaft der Welt. Muslime leben, außer in den arabischen Ländern, auch in Asien, Afrika und in den westlichen Ländern. Während des gesamten Mittelalters hat der Islam bedeutende Werke der Kunst, Architektur, Naturwissenschaften und Astronomie hervorgebracht und über die Handelswege auch das Abendland stark beeinflusst. Manches wissenschaftliche Werk der Antike fand den Weg nach Europa über arabische Übersetzungen.

Blaue Moschee in Bagdad

Grundlehre des islamischen Glaubens

Ein Muslim bzw. eine Muslima versteht sich als ein Mensch, der „sich ganz an Gott hingibt". Islam bedeutet so viel wie „Hingabe an Gott". Als „Mohammedaner" bezeichnen sich die Muslime selbst nicht, denn damit würde der **Prophet Muhammad** in den Rang eines Religionsstifters erhoben werden, während er für die Muslime nur ein Mittler der göttlichen Botschaft ist. Nach muslimischer Auffassung ist der Islam die Urreligion der Menschheit. An Gott zu glauben bedeutete für Muslime, sich dem Willen Gottes zu unterwerfen, seine Allmacht, Schöpferkraft und Herrschaft anzuerkennen und ihm Dankbarkeit zu erweisen.

Allah, „der eine Gott"

„(...) Gott ist einer. Er ist der Ewige. Er ist nicht gezeugt und Er hat nicht gezeugt. Ihm gleich ist keiner." Der Islam versteht sich als die einzige wahrhaft monotheistische Religion. Alle anderen Religionen seien, so die muslimische Auffassung, von der Verkündigung durch die Propheten abge-

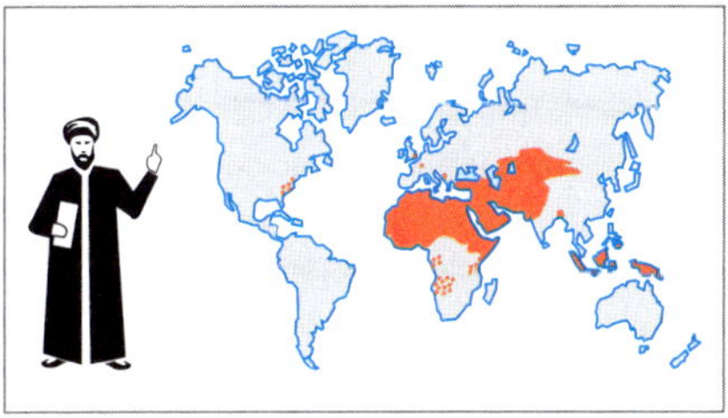

Verbreitung des Islam

wichen und letztlich polytheistisch geworden.

Den Gottesnamen **Allah** (von arab. „der Gott", „die Gottheit") verwendeten bereits arabische Christen vor Muhammad. Für die Muslime bezeichnet er den einzigen, verborgenen, unvergleichlichen, allmächtigen, barmherzigen und gnädigen Schöpfergott. Allah hat den Himmel, die Erde, die Tiere, die Geister, die Engel und die Menschen geschaffen und sorgt für sie.

Allah, der Richter

Gott wird beim **Jüngsten Gericht** alle Menschen in absoluter Gerechtigkeit nach ihrem Glauben und nach ihren Taten richten. Er kennt als einziger den Zeitpunkt des Jüngsten Gerichts, an dem er Himmel und Erde zusammengefaltet in seiner Rechten halten wird. Zuvor wird es eine **Endzeit** geben, in der kosmische Veränderungen zu erkennen sind. Dann werden die Toten aus ihren Gräbern auferweckt, um von Gott gerichtet zu werden. Nach der islamischen Überlieferung werden alle Taten gewogen, und zwar gegen ein Stück Papier, auf dem das **Glaubensbekenntnis** steht. Dieses Papier kann sämtliche Sünden des Menschen aufwiegen. Auch wer eine schwere Sünde begangen hat, kann als gläubiger Muslim auf Fürsprache hoffen. Er muss über eine Brücke, die schärfer als ein Schwert und dünner als ein Haar ist, ins Paradies, den Ort sinnlicher Freuden, eingehen. Ungläubigen gelingt das nicht, sie stürzen ins Höllenfeuer. Propheten und Märtyrer gelangen dagegen sofort ins Paradies.

Allah, der Barmherzige

Im Koran wird Gott zu Beginn fast aller Suren als der barmherzige Erbarmer gepriesen. Er lässt sich von den Menschen in seinen „Zeichen" erkennen, in der Schöpfung, in der Natur und in seiner Fürsorge und Güte. Gott ist den Menschen überall nahe, er lässt ihnen Güter zukommen und sendet Propheten zu ihrer Warnung. Im Gericht kann, wer glaubt, Verzeihung seiner Sünden erlangen, während der Ungläubige nur die Höllenstrafe zu erwarten hat. Wenn sich ein Mensch, der gesündigt hat, wieder auf Gottes Gebote besinnt und zu Gott seine

Zuflucht nimmt, kann er wieder „rechtgeleitet" werden. Auch **Adam**, der im Islam als Prophet gilt, und seine Frau sündigten im Paradies. Gott hat sie aber wieder rechtgeleitet, weil sie „nur gegen sich selbst" gesündigt haben. Die Vorstellung von **Erbsünde** und Erlösung gibt es im Islam nicht.

Der Mensch, Diener Gottes

Nach islamischem Verständnis ist der Mensch Gottes Geschöpf, aber nicht sein Ebenbild. Er ist Gottes Stellvertreter auf Erden (arab. halifa), er beherrscht die Tiere und die Erde und darf die Güter der Erde genießen. Während seines irdischen Lebens soll der Mensch im Wissen um das Jüngste Gericht an „Gott glauben und das Rechte tun". Alle Bereiche des Lebens sollen vom Glauben durchdrungen werden. Aufgabe des Menschen ist „das Bemühen auf den Weg Gottes" (arab. Dijhad) zu gelangen, der dem Menschen den Weg ins Paradies ebnet. Dazu gehört die **Verkündigung** des Islam ebenso wie das Bemühen um **innere Reinheit** und die Überwindung niederer Triebe.

Da er einen freien Willen besitzt, ist der Mensch auch für seine Taten verantwortlich. Dennoch entscheidet die göttliche Bestim-

Die wichtigsten Stationen Muhammads

Adam und Eva, Koran-Abbildung aus dem 18. Jh.

mung über den Gang der Dinge und selbst über Glauben und Unglauben des Menschen. Wer sich Gott zuwendet, kann auf seine Gnade hoffen. Dass der Mensch sich in den göttlichen Willen ergeben soll, schließt nicht aus, dass er sein Leben aktiv gestaltet. Vernunft, Denken, Wissen und Erkenntnis werden im *Koran* positiv bewertet und sollen vom Menschen genutzt werden.

Die Nähe Gottes erfährt der Mensch über Gottes Fürsorge und Wohltaten. Gott sendet dem Menschen auch Engel. Zwei unsichtbare, namenlose Schutzengel sind jedem Gläubigen zugeteilt. Sie können den Menschen leiten, ihm Botschaften übermitteln, oder Fürbitte für ihn einlegen.

Muhammad, Gottes Prophet

Immer wieder hat Gott nach muslimischer Auffassung Propheten zu den Menschen gesandt, die seine Botschaft verkünden sollten. **Adam** war der erste Prophet, auf den **Noah**, **Abraham**, **Mose** und **Jesus** folgten. Die Menschen haben jedoch Gottes Botschaft häufig missverstanden und verfälscht, sodass Gott als letzten Propheten **Muhammad** gesandt hat. Die von ihm im Koran niedergeschriebenen Worte gelten daher als endgültig und unveränderlich. An die Propheten Gottes zu glauben, ist für Muslime verpflichtend.

Erzengel Gabriel

Leben und Lehre

Abu l-Qasim ibn Abdallah Muhammad, so der vollständige Name des Propheten, wurde 569/70 in eine Handelsfamilie geboren, wuchs aber nach dem frühen Tod seiner Eltern bei seinem Onkel **Ab Talib** in der Nähe von Mekka auf. Mit 25 Jahren begann er für die reiche Kaufmannswitwe **Hadidja** als Karawanenführer zu arbeiten. Er heiratete die um 15 Jahre ältere Frau und führte mit ihr eine gute Ehe, sodass sie bis zu ihrem Tod seine einzige Frau blieb. Muhammad und Hadidja bekamen mehrere Kinder.

Mit etwa 40 Jahren erlebte der fromme Mann Beunruhigendes. Er hatte in einer Höhle am **Berg**, in der Nähe von Mekka, die Eingebung, der **Erzengel Gabriel** fordere ihn auf, eine Botschaft „vorzutragen". Es folgten Träume mit weiteren Botschaften **Allahs**, die Muhammad schweißgebadet und mit Schaum vor dem Mund aufwachen ließen. Er fürchtete, von einem Geist besessen zu sein, doch seine Frau half ihm zu erkennen, dass Gott ihn als Propheten berufen habe. Von da an widmete er sich ganz seiner Sendung, verkündete die Einzigartigkeit Gottes und warnte vor dem Jüngsten Gericht. Er ermahnte die Menschen, dass sie ihr Tun Gott gegenüber zu verantworten hätten und der Glaube alle Bereiche des Lebens durchdringen müsse. Doch in Mekka lehnte man Muhammads Lehre ab. Mit 70 seiner Anhänger wanderte er nach Jathrib aus, das von da an **Medina** („Stadt" des Propheten) hieß. Mit diesem Ereignis (Hidjra) beginnt die muslimische Zeitrechnung. Hatte Muhammad sich zunächst als Prediger in der Tradition des Judentums und des Christentums gefühlt, erschien ihm deren Glaube nun verfälscht. Im Islam sollte der reine Glaube Abrahams durch ihn wieder lebendig werden. Damit wurde der Prophet zum religiösen Führer, der gesellschaftliche Missstände kritisierte und sich für den Aufbau eines islamischen Gemeinwesens einsetzte. Für Muslime hat Gott Muhammed außerdem einen vollkommenen Charakter geschenkt. Er war bescheiden, großzügig und ernsthaft und verkörperte darin Tugenden, die im Islam als ideal gelten.

Nach Mekka führte Muhammad erst wieder seine Wallfahrt zur **Ka'aba** im Jahre 632, kurz vor seinem Tod.

Persische Buchmalerei: Offenbarung des Muhammad, Kampf um Mekka

Die muslimische Gemeinschaft

Wer zu den gläubigen Muslimen gehört, also sich Gottes Herrschaft unterwirft, die Sendung des Koran und Muhammad als Propheten anerkennt, darf sich zur weltweiten Gemeinschaft der Gläubigen (arab. umma) zählen, die geprägt ist von **Brüderlichkeit** und **Solidarität**. Sie versteht sich als „beste Gemeinschaft unter den Menschen". Glaube bedeutet für Muslime Anbetung Gottes und gleichzeitig Verantwortung und Fürsorge für die Mitmenschen. Vor allem Verwandte, Waisen,

Die Rolle der Frau

Vor Gott sind Mann und Frau gleich, da sie aus einer Seele erschaffen sind. So steht es im Koran. Wenn es jedoch um die gesellschaftliche und rechtliche Stellung geht, räumt der Koran dem Mann eine vorrangige Position ein. Die Frau soll dem Mann gehorsam sein, der wegen seiner körperlichen Kraft und seines Vermögens als überlegen gilt. Die Gesellschaft ist daher patriarchalisch organisiert. Der Mann ist für Unterhalt und Schutz der Familie zuständig, während die Frau den Haushalt versorgt und die Kinder großzieht. In ihrer Rolle als Mutter ist die Frau jedoch hoch geachtet. Zudem ist sie die Trägerin der **Familienehre**, die zu bewahren sie stets bedacht sein muss. Gegenüber der vorislamischen Gesellschaft hat der Islam die Situation der Frauen dennoch verbessert. Frauen erhielten das Recht, das ganze Leben lang versorgt zu sein, sie durften erstmals Güter besitzen, einen Beruf ausüben und vor Gericht ziehen. Damit alle Frauen versorgt waren, wurde die **Polygamie** zugelassen, mehr als vier Frauen sollte ein Mann jedoch nicht heiraten. Auch das Tragen des Schleiers war zunächst ein Privileg und wird auch heute noch von vielen Frauen als Schutz und Zeichen der Ehre betrachtet. Nur ehrbare Frauen durften im Alten Orient einen Schleier tragen, was sie von Sklavinnen und Tänzerinnen unterschied. Der Schleier ist Zeichen der Frömmigkeit der Frau und schützt sie vor Blicken und Zudringlichkeiten.

Arme, Reisende, Bettler, Sklaven und Gefangene sollen unterstützt werden.
Einheit und Gleichheit in der muslimischen Gemeinschaft zeigen sich eindrucksvoll bei der Großen **Pilgerfahrt** nach Mekka, bei der unter den Gläubigen sämtliche Unterschiede in Status, Nation oder Alter zur Nebensache werden.

Die fünf „Säulen des Islam"

Fünf Grundpflichten haben gläubige Muslime zu erfüllen:

1. Mit dem *Glaubensbekenntnis* spricht der Gläubige die wesentliche islamische Glaubenswahrheit und sein Bekenntnis zum Islam aus. Es lautet: „Ich bezeuge, dass es keine Gottheit außer Gott gibt und dass Muhammad der Gesandte Gottes ist".
Wer diesen Satz auf arabisch und vor mindestens zwei Zeugen ausspricht, ist dem Islam beigetreten.
2. In den islamisch geprägten Ländern ruft der Muezzin fünfmal am Tag vom Minarett aus zum Gebet (arab. salat). Die Pflichtgebete, die nach einem bestimmten Ritual

Verbeugung nach Mekka

und immer in Richtung Mekka verrichtet werden, können zwar überall gesprochen werden, doch es gilt als besonders wirkungsvoll, sie in Gemeinschaft mit anderen und am besten in der Moschee auszuführen. Wer die Gebete vorsätzlich versäumt, kann seinen Status als gläubiger Muslim verlieren und zum Ungläubigen werden.

3. Im Monat Ramadan, dem neunten Monat des islamischen Jahres, sollen Männer und Frauen ab der Pubertät 30 Tage lang fasten. Von Sonnenaufgang bis Sonnenuntergang enthält man sich aller leiblichen Genüsse. Erst nach Einbruch der Dunkelheit trifft man sich zum gemeinsamen Essen. Klatsch und Streit und sonstige schlechte Gewohnheiten sollen in dieser Zeit gemieden werden.

4. Die Almosen (arab. zakat) entrichten die meisten Muslime, ohne dass sie dazu besonders aufgefordert werden müssen. Auf diese Weise soll ein Ausgleich zwischen Armen und Reichen geschaffen werden. Die Armensteuer soll Armen, Bedürftigen, Gefangenen, Reisenden und jenen, die im Einsatz „auf dem Wege Gottes" sind, zugute kommen.

5. Die Pilgerfahrt nach Mekka (arab. hadjdj) soll jeder gläubige Muslim (Mann oder Frau) einmal im Leben unternehmen, wenn Gesundheit und Finanzen es erlauben. Sie findet jedes Jahr während des Wallfahrtsmonats statt. Die Große Pilgerfahrt stellt ein besonderes Ereignis im Leben eines Muslim dar und ist mit bestimmten Zeremonien verbunden.

Mekka, Zeichnung aus dem 16. Jh.

Verschiedene Glaubensrichtungen

Über die im Koran und den Überlieferungen übermittelten Überzeugungen und Glaubenspraktiken hinaus kennt der **Volksislam** zahlreiche weitere Formen der Frömmigkeit, die regional recht unterschiedlich sein können. Dazu gehören vor allem die Heiligenverehrung, Schadens- und Schutzzaubereien, Orakelbefragungen sowie mystische Bruderschaften.

Verschiedene Richtungen des Islam entstanden darüber hinaus in der Auseinandersetzung um die Nachfolge Muhammads, da keiner der Söhne des Propheten überlebt hatte. **Abu Bakr**, ein Vertrauter Muhammads und Vater seiner „Lieblingsfrau" **Aischa**, wurde der erste der „vier rechtgeleiteten Kalifen". Er regierte von 632–634, bevor er **Umarr ibn al-Hattab** (Reg. 634–644) designierte, der ebenfalls ein Vertrauter und Schwiegervater Muhammads war. Ihm folgte **Uthman ibn Affan** (Reg. 644–656), Schwiegersohn und Gefährte Muhammads. Der letzte der „vier rechtgeleiteten Kalifen" war **Ali ibn Abi Talib** (656–661). Er war Neffe und Schwiegersohn Muhammads. Seine Frau Fatima war die Mutter der Prophetenenkel **al-Hasan** und **al-Husein**. Der Islam hatte sich inzwischen von dem heutigen Afghanistan bis nach Libyen und auf die Iberische Halbinsel ausgebreitet, doch um die religiöse und politische Führerschaft gab es immer wieder Streit. Der dritte Kalif, Uthman, wurde 656 ermordet und es kam zum Bürgerkrieg unter den Gläubigen. Als auch Ali 661 einem Mord zum Opfer fiel, kam es zu einer Spaltung des Islam in **Sunniten** und **Schiiten**, die noch heute besteht. Für die **Sunniten** (arab. sunna, „Tradition") muss das religiöse und politische Oberhaupt, der **Kalif**, zum Stamm des Propheten gehören, die für das Amt erforderlichen Fähigkeiten mitbringen und die religiösen Schriften gut kennen.

Die **Schiiten** (arab. schia, „Abspaltung", schi'at Ali, „Partei des Ali") dagegen verlangen, dass der **Imam**, wie sie das Oberhaupt nennen, ein Verwandter des Propheten ist (wie sein Neffe Ali). Nur dann, so die schiitische Auffassung, ruhe auf ihm die Segenskraft (Baraka) des Propheten. Der Ermordung des Prophetenenkels al-Husein, dem es nicht gelang, den Kampf um die Macht für sich zu entscheiden, gedenken die Schiiten bis heute in Passionsspielen, die ihre Frömmigkeit nachhaltig beeinflusst haben.

Heute bilden die Sunniten mit etwa 90% die Mehrheit der muslimischen Gläubigen. Die Schiiten dagegen, zu denen 10–15% der Muslime gehören, leben hauptsächlich im Iran, Teilen des Iraks, Afghanistans, Indiens und im Jemen. Sie bilden verschiedene Untergruppen wie z. B. den **Zwölferschiismus**, der heute im Iran Staatsreligion ist.

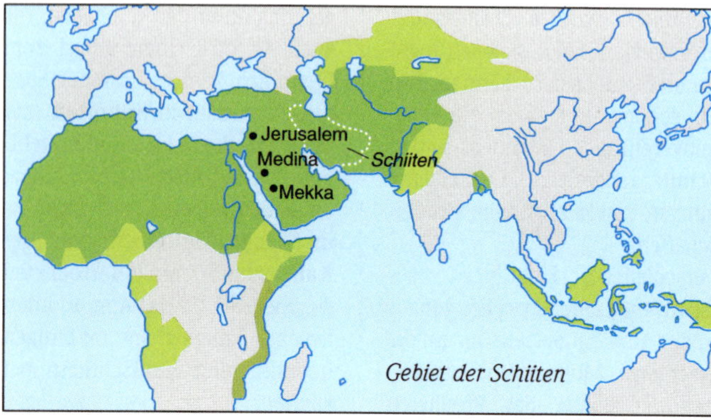

Die innere Suche nach Gott steht im Mittelpunkt der islamischen **Mystik**, des **Sufismus**. Der Name ist vermutlich von dem wollenen Gewand der asketischen Mystiker abgeleitet (arab. suf, „Wolle"). Über die genaue Beobachtung der eigenen inneren Regungen, die innere Reinigung, asketische Übungen und Anbetung gelangt man auf dem mystischen Pfad (arab. tariqa) zur Loslösung vom eigenen Ich und zur Verbindung mit dem Göttlichen. Vorbild für diesen spirituellen Weg ist die Himmelsreise Muhammads, deren Höhepunkt die Begegnung mit Gott selbst war.

Die mystischen Bruderschaften der **Sufis** praktizieren die Versenkung in Gott durch Unterdrückung der natürlichen Bedürfnisse, durch Meditation, aber auch durch Musik und Tanz. So geht es den **tanzenden Derwischen** darum, durch einen ekstatischen Tanz die Befreiung vom Selbst zu erreichen und sich ganz Gott zuzuwenden.

Eine der wichtigsten mystischen Übungen ist das laute oder schweigende **Gottgedenken** (Dhikr), bei dem Formeln des Glaubensbekenntnisses oder Gottesnamen über einen bestimmten Zeitraum hinweg regelmäßig wiederholt werden.

Die islamische Mystik hatte großen Einfluss auf die muslimische Poesie und Kultur. Vor allem die seit dem 8. Jh. aufkommende Liebesmystik gab dem Glauben immer wieder neue Impulse und vertiefte ihn. Die klassische Vertreterin der Liebesmystik und erste islamische Heilige **Rabi'a von Basra** (gest. 801) verkündete die Liebe zu Gott auf anschauliche Weise. Sie ging mit einer Fackel und einem Eimer durch die Straßen der Stadt und erklärte: „Ich will Feuer ins Paradies werfen und Wasser in die Hölle gießen, damit diese beiden Schleier verschwinden und niemand mehr Gott anbetet aus Sehnsucht nach dem Paradies oder aus Höllenfurcht, sondern einzig und allein aus Liebe zu Ihm."

Heilige Schriften

Der Islam ist wie das Judentum eine Buchreligion. Für Muslime ist der *Koran*, wie er durch den Propheten Muhammad übermittelt wurde, das wahre Wort Gottes. Er stimmt wörtlich mit dem Urkoran, einer im Himmel „wohlverwahrten Tafel" überein und ist frei von menschlichen Einflüssen. Gott hat sein Wort, nach muslimischer Auffassung, auch den Juden und Christen offenbart, in deren *Heiligen Schriften* zum

Seite aus dem Koran, 15. Jh.

Teil Ähnliches wie im *Koran* berichtet wird. Da aber beide den rechten Urtext verfälscht haben, bekam nun Muhammad die Aufgabe, den Menschen die wahre *Heilige Schrift* in arabischer Sprache, unverändert und verlässlich, zu offenbaren. Die Muslime behandeln den *Koran* mit besonderem Respekt. Lange Zeit durfte er nicht übersetzt werden, und auch heute gilt nur das Original in der durch den *Koran* „geheiligten" Sprache Arabisch als maßgebend.
Während es im ersten Teil des *Korans* vor allem um das Wesen Gottes, sein Wirken in der Geschichte und die Aufgabe Muhammads geht, werden in späteren Abschnitten auch Verhaltensregeln, Rechtsfragen und Fragen des Zusammenlebens behandelt.

Der Auftrag Muhammads

„Lies, rezitiere" (arab. iqra), so hieß nach der 96. Sure des *Korans* der Auftrag, den der Erzengel Gabriel Muhammad eines Nachts in der Höhle am **Berg Hira** gab. Entsprechend bedeutet *Koran* (arab. qur'an) auch „Vortragen, Rezitieren" (arab. qara'a, „er las, er rezitierte"). Muhammad, der sich anfangs weigerte, das vom Engel Befohlene zu tun, erkannte schließlich doch die göttliche Botschaft und nahm seinen Auftrag an. Ab dem Jahr 610 erhielt

Muhammad etwa 20 Jahre lang Botschaften des Engels. Da er selbst nicht lesen und schreiben konnte, ließ Muhammad das, was er zuerst in Mekka und dann in Medina erfahren hatte, wortgetreu von Schreibern aufzeichnen. Alle Einzeloffenbarungen wurden dann unter dem dritten **Kalifen Uthman** (Reg. 644–656) zu einer endgültigen Textfassung zusammengefasst.

Der Koran ist in 114 *Suren* eingeteilt. Sie sind nicht nach Themen, sondern der Länge nach, beginnend mit den längsten, geordnet. Eine Sonderstellung hat Sure 1, die *Fatiha* („die Eröffnende"). Sie enthält das meistgesprochene Gebet des Islam.

! Die *Fatiha*

„Lob sei Gott, dem Herren der Welten,
Dem Barmherzigen, dem Erbarmer,
Dem König des Gerichtstages.
Dich beten wir an, und zu Dir flehen wir um Hilfe,
Führe uns den geraden Weg,
Den Weg derer, denen Du gnädig bist,
Nicht derer, denen Du zürnst, und nicht der Irrenden."

Jede Sure, außer der neunten, beginnt mit der *Basmala*, der Glaubensformel „Im Namen Gottes des Barmherzigen, des Erbarmers", die Gläubige auch in vielen Alltagssituationen als kurzes Gebet sprechen.

Die Suren behandeln meist nicht in sich abgeschlossene Themen, sondern sind Sequenzen zu einzelnen Aspekten des Glaubens. Dazu gehören der **Lobpreis** des Schöpfers, die **Mahnung** der Gläubigen zur Umkehr, die **Warnung** vor dem Jüngsten Gericht und **Erzählungen** von den Propheten. Gesetze und Gebote sowie Anweisungen zum Leben in Familie und Gesellschaft bilden einen weiteren Themenkreis. So sind z. B. das Verbot von Schweinefleisch und Alkohol aus dem *Koran* abgeleitet, ebenso die Regelung, dass ein Mann statt der vorher unbeschränkten Anzahl nur noch maximal vier Frauen heiraten darf.

Die besondere Schönheit der Sprache und der poetische Stil des *Korans* gelten den Gläubigen als perfekt und unnachahmlich und darin als weiterer Hinweis auf die göttliche Offenbarung. Nach muslimischer Auffassung macht auch die überirdische Schönheit seiner Komposition den *Koran* unübersetzbar.

Das heilige Buch

Gläubige Muslime rezitieren den *Koran* mit Hingabe und Ehrfurcht. Nur im rituell reinen Zustand darf ein Mensch das Buch des *Koran* berühren. Auch der Ort, an dem

Koran, Handschrift um 1400

man ihn ablegt, muss rein sein, deshalb wird häufig ein Teppich darunter ausgebreitet.
Wer den *Koran* rezitieren darf (natürlich nur auf Arabisch) fühlt sich dadurch ausgezeichnet, auch wenn er das Gesagte vielleicht im Wortlaut gar nicht versteht. Beim Lesen des *Korans* kommt der Gläubige nach muslimischer Vorstellung Gott besonders nahe. Schon muslimische Kinder lernen in der **Koranschule**, den *Koran* auf Arabisch zu lesen, und beginnen, ihn auswendig zu lernen.
Weil sie das Medium ist, in dem das heilige Buch verbreitet wird, gilt die Schönschrift (**Kalligrafie**) im Islam als wichtigste Kunstform. Nach der Überlieferung ist es verboten, Gott, Mensch oder Tier auf Bildern darzustellen, daher sind die Handschriften des *Koran* und die Innenräume der Moscheen mit kunstvoll ausgestalteten Schriftzeichen und Ornamenten verziert.
Der *Koran* hat nach muslimischer Vorstellung eine besondere Segenskraft (Baraka). Man benutzt einzeln aufgeschriebene Verse auch zur Abwehr von Krankheiten und anderen Übeln als Amulett.

Der Prophet als Vorbild – die *Sunna*

In der *Sunna* (arab. „Tradition, Brauch") beschreibt die Überlieferung (arab. hadith), wie sich Muhammad selbst in bestimmten Situationen verhielt, wie er manche Fragen beurteilte und sich zu Fragen des Glaubens und der Lebenspraxis äußerte. Wegen seiner ausgezeichneten Wesensart ist der Prophet Vorbild für die Lebensführung der Gläubigen.

In der *Sunna* finden sich viele Anordnungen und Vorschriften für das tägliche Leben der Gläubigen, die für sie genau so verpflichtend sind, wie die im *Koran* verzeichneten. Zum Teil wird die Überlieferung auch herangezogen, um Koranstellen besser verstehen zu können.

Auf der Grundlage des *Koran* und der Überlieferung erarbeiteten islamische Rechtsgelehrte im frühen Mittelalter eine islamische Pflichtenlehre, die *Scharia* (arab. „der Weg"), die den Gläubigen helfen soll, alle Bereiche ihres Lebens nach dem Glauben auszurichten. Manche Regelungen, vor allem zum Ehe-, Familien- und Erbrecht, wurden in vielen Ländern zur Grundlage der Gesetzgebung. Das Recht der *Scharia* gilt grundsätzlich nur für Muslime.

! Der Islamismus

Der Islamismus leitet aus Koran und Sunna eine gesellschaftliche und politische Ordnung ab und betrachtet den Islam als ideales System des menschlichen Zusammenlebens, das Frieden und Gerechtigkeit für alle Menschen garantiert. Ziel ist es daher, dieses System überall auf der Welt einzurichten. Der Einsatz dafür wird als **Dijad** („Bemühen auf dem Weg Gottes") betrachtet. Mittel des Djiad sind u. a. der Einsatz für die Gleichberechtigung der Muslime, Da'wa – Arbeit (arab. „Einladung zum Islam), Verbreitung des Koran, Pressearbeit und gezielte Nutzung des Internets.

Religiöse Oberhäupter

Meistens ist es ihre besondere Bildung und persönliche Eignung, die die Oberhäupter in islamischen Institutionen auszeichnet. Ihre Titel sind in der Regel Ehrentitel, die ihnen die Gläubigen verleihen. Eine formal vorgeschriebene Laufbahn gibt es dagegen meistens nicht. Da im frühen Islam die religiöse und die politische Leitung zusammengehörten (**Kalifat**), wurden darüber hinaus keine religiösen Institutionen und Autoritäten eingesetzt. Nur bei den Schiiten und in den mystischen Orden gibt es religiöse Oberhäupter, denen eine besondere Segenskraft zugesprochen wird.

Ulama – die Wissenden

Als Ulama (Plural zu arab. Alim, „Gelehrter", „Wissender") werden die muslimischen Gelehrten bezeichnet, die sich im Koran, in der Überlieferung, in Rechtsfragen oder auf dem Gebiet der Theologie und der Sprache besonders gut auskennen. Ein **Alim** kann das

Amt des **Muftis**, des **Imam** oder des **Qadis** übernehmen.
In wichtigen Rechtsfragen gilt der Konsens (arab. Idjma), den die Mehrheit der Ulama formuliert, als verbindlich. Die Urteile der Ulama sind die wichtigste Ergänzung zu *Koran* und *Sunna*.
Zur Amtstracht der Ulama gehören der **Turban** und die **Dschellaba**, ein langer Mantel mit weiten Ärmeln, der vorne geknöpft wird.

Der Imam – Vorbeter in der Moschee

Bei den sunnitischen Muslimen ist der Imam der Vorbeter beim Gemeinschaftsgebet in der Moschee. Seine Aufgabe ist es, für eine gemeinsame Durchführung der einzelnen Gebetsabschnitte zu sorgen. Grundsätzlich kann jeder Muslim dieses Amt ausüben, meist wird jedoch ein besonders gelehrter Mann dafür ausersehen. Er muss gut arabisch können, um an der **Koranschule** zu unterrichten. An großen Moscheen, an denen zum Teil mehrere Imame das Amt innehaben, erwartet man eine juristische und theologische Ausbildung. Dort ist der Imam zusätzlich für religiöse und rechtliche Aufgaben zuständig und erhält ein Gehalt.
Darüber hinaus kann der Titel Imam auch den obersten Leiter aller Muslime bezeichnen. Nach sunnitischer Auffassung kam dieses Amt jedoch nur den ersten vier Kalifen nach Muhammad zu. Sie waren politische und religiöse Leiter der Gesamtgemeinde der Muslime. Man setzte voraus, dass sie Abkömmlinge des Stamms Muhammads waren, Recht sprechen und die Leitungsfunktionen übernehmen konnten und in der Lage waren, den Islam gegen Feinde und Irrlehren zu verteidigen.
Bei den Schiiten kann nur oberster Gemeindeleiter werden, wer Nachfahre Alis, des Neffen und Schwiegersohns Muhammads und vierten Kalifen ist. Nach schiitischer Auffassung verfügt der Imam über besondere Fähigkeiten und ist spiritueller Leiter der Gemeinde.
Weitere Aufgaben in der Moschee übernehmen der Prediger (arab. hatib), der die Predigt beim Freitagsgebet hält, und der **Muezzin**, der fünfmal täglich, zu den Gebetszeiten, vom **Minarett**, einem Turm der Moschee aus, zum Gebet ruft. Der Muezzin wurde früher in der Sprechtechnik geschult, um seinen Ruf weithin vernehmbar erschallen lassen zu können. Heute wird der Gebetsruf häufig von einem Tonband aus über Lautsprecher übertragen.

Berater in Rechtsfragen

Für Fragen zum islamischen Recht ist der **Qadi** („Richter")

zuständig. Er kennt sich in den islamischen Gesetzen aus, ist allerdings an bereits bestehende Rechtsgutachten gebunden. Heute werden die Qadis in den arabischen Ländern in der Regel vom Staat mit der Rechtsprechung betraut.
Auch der **Mufti** kennt sich besonders gut im islamischen Recht aus. Meist ist er ausgebildeter Theologe und erteilt auf der Grundlage von Koran und Sunna Gutachten zu Rechtsfragen, die man ihm vorlegt. Meistens handelt es sich um Fragen, die sich im Alltagsleben ergeben. Der Mufti muss die Frage mit einem klaren „Ja" oder „Nein" beantworten und kann gegebenenfalls noch eine Begründung anfügen. Ist der Fragende mit der Antwort nicht einverstanden, kann er ein zweites Rechtsgutachten einholen.
Der schiitische Islam kennt zudem noch den Ehrentitel **Ayatollah** (arab. ayatu ilah, „Zeichen Gottes") für besonders verdiente Theologen. Der Titel wird weder von einer bestimmten Autorität noch in einem speziellen Akt verliehen, sondern ist Ausdruck der Verehrung durch das Volk. Das Volk zeichnet damit einen Religionsgelehrten (Mudjtahid) wegen seiner Veröffentlichungen, hoher Studentenzahlen oder anderer Verdienste aus. Der Ayatollah ist jedoch nicht berechtigt, in seinen Entscheidungen und Aussagen den gesamten Islam zu vertreten.

Der Scheich – Ältester und Wegweiser

Grundsätzlich ist **Scheich** (arab. shaikh, „Ältester", „Verehrungswürdiger") ein Ehrentitel für ältere Gelehrte von besonderer Autorität, Würde oder Weisheit. Er kann jedoch auch Adelstitel sein und wird dann vom Vater auf den Sohn vererbt. Im religiösen Bereich bezeichnet der Titel Scheich oder Pir im engeren Sinne den Meister einer Ordensbruderschaft, dem die Mitglieder des Ordens zu absolutem Gehorsam verpflichtet sind. Der Scheich leitet den Schüler auf dem mystischen Pfad und überwacht seine Entwicklung.
Für den Scheich als religiösen Würdenträger gibt es sogar eine weibliche Entsprechung, die **Scheicha**, deren Autorität jedoch nur für Frauen maßgeblich ist.

Symbole und Rituale

Um jeder Art des Götzendienstes vorzubeugen, herrscht im Islam ein strenges **Bilderverbot**. Gott, Engel, Menschen und Tiere dürfen im religiösen Kontext nicht abgebildet werden. Ist Muhammad z. B. doch auf einem Bild zu sehen, so ist sein Gesicht verhüllt oder nur als weißer Fleck zu

erkennen. Trotz vereinzelter Bilder in Handschriften mit Buchmalerei sind der Symbolik damit klare Grenzen gesetzt.
Eine wichtige Rolle kommt im Islam dagegen den religiösen Ritualen zu, die meist streng geregelt sind.

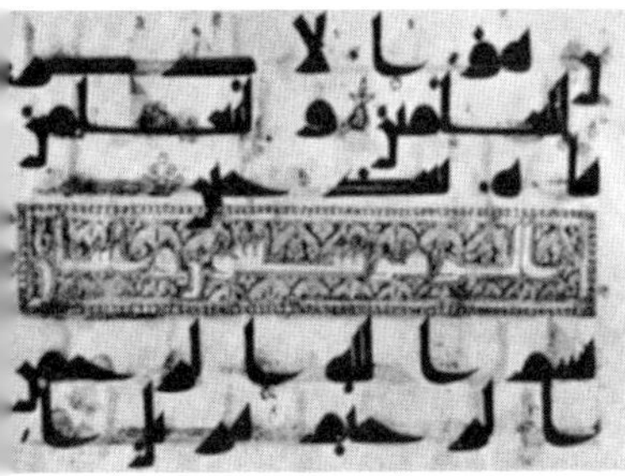

Koranhandschrift

Symbole

Die Ausgestaltung mit Bildern ist in der religiösen Kunst des Islam durch die **Kalligrafie** (griech. „Kunst des Schönschreibens") ersetzt. Filigrane Formen und Ornamente zieren Buchstaben und gestalten Schriftbänder in fantasievoller Weise. Dabei gehen Wort, Bild und religiöse Aussage eine harmonische Verbindung ein. Kalligrafisch gestaltete Wörter und Sätze (z. B. Gebete und Lobpreisungen) zieren Koranausgaben, Gebetsräume und Bauwerke. Mit besonderer Hingabe widmen sich die Schönschreiber der Gestaltung des Wortes **Allah**. Der Gottesname wird von allen Wörtern am häufigsten geschrieben. In Moscheen und Wohnungen, als Autoaufkleber oder auf Schmuckgegenständen kann man die kunstvoll gestalteten Schriftzeichen finden. Man schreibt ihnen schützende und segnende Wirkung zu. Auch Gottes **99 schönste Namen**, die auf Sure 7,180 zurückgehen (z. B. „der Barmherzige", „der Verzeihende", „der Milde") werden in Zierschrift aufgelistet und gelten als heilbringend. Anhand einer Gebetskette mit 33 Perlen können die 99 Namen als Gebet gesprochen werden.
Manchmal werden einzelne **Koranverse** aufgeschrieben und als Amulett getragen, das vor Krankheiten und anderen Übeln schützen soll. Sie können in gewöhnlicher Schrift, aber manchmal mit besonderem Schreibstoff wie Rosenwasser oder Honig auf Papier oder anderes Material geschrieben werden.
Ein bekanntes islamisches Symbol ist die Sichel des **Neumonds** (Hilal). Man findet ihn auf den Minaretten und auf Emblemen muslimischer Staaten. Weil sich das islamische Jahr nach dem Mond richtet, ist das Erscheinen des Neumonds entscheidend für die Termine religiöser Feste. Der Fastenmonat **Ramadan** z. B. beginnt mit dem Sichtbarwerden der Mondsichel.

! Die Hand der Fatima

Die Hand der Fatima (Tochter Muhammads) ist eines der beliebtesten Amulette der Muslime. Sie wird in allen Farben und aus jedem Material hergestellt und schmückt öffentliche Gebäude ebenso wie den privaten Bereich.

Rituale

Ein Muslim kann ein religiöses Ritual nur dann durchführen oder daran teilnehmen, wenn er oder sie sich im Zustand **ritueller Reinheit** befindet. Vor allem das Berühren des Korans, das rituelle Gebet, Fasten oder der Aufenthalt in einer Moschee erfordern diesen Zustand und sind andernfalls ungültig. Rituell unrein sind z. B. Frauen während ihrer Menstruation, während des Wochenbetts und nach einer Geburt. Aber auch Verunreinigung durch jede Art von Ausscheidungen, Schlaf, Ohnmacht oder Geschlechtsverkehr macht eine rituelle Reinigung erforderlich. Großen Verunreinigungen kann nur durch eine **Ganzwaschung** abgeholfen werden. Von Kopf bis Fuß muss dabei der ganze Körper befeuchtet werden. Bei kleinen Verunreinigungen (Ausscheidungen und Schlaf) genügt die **kleine Reinigung** von Gesicht, Vorderkopf, Armen bis zu den Ellbogen und Füßen bis zu den Knöcheln unter fließendem Wasser. Ist kein Wasser vorhanden, kann die Reinigung mit Sand vorgenommen werden.

Um den Gläubigen vor dem Gebet die jeweilige Form der **rituellen Waschung** zu ermöglichen, gibt es in jeder Moschee Waschgelegenheiten.

Auch der Ort des Gebets muss rituell rein sein. Daher zieht man in der Moschee die Schuhe aus, um den Boden nicht zu verunreinigen. An anderen Orten breiten Muslime einen **Gebetsteppich** aus. Auch ein Tuch kann diesen Zweck erfüllen.

Für die **Kleidung** gibt es in der Moschee ebenfalls bestimmte Vorschriften. Männer müssen ihren Körper vom Nabel bis zu den Knien bedecken. Bei den Frauen kommt es darauf an, dass sie ihre „Scham" verhüllen. Nur Gesicht und Hände dürfen zu sehen sein, das Haar und alle Körperkonturen werden bedeckt. Im strengen Sinne gilt diese Kleidervorschrift

Gebetsteppich

für Frauen auch dort, wo sie mit Männern zusammenkommen, mit denen sie nicht verwandt sind.

Für das rituelle Pflichtgebet und die Pilgerfahrt nach Mekka ist es über die rituelle Reinheit hinaus nötig, dass die Gläubigen sich in einem **Weihezustand** befinden. Durch eine große rituelle Waschung treten die Gläubigen in den Weihezustand ein. Während der Pilgerfahrt sollen sie zusätzlich Nägel und Schnurrbart schneiden und die Körperhaare entfernen. Empfohlen wird außerdem ein bestimmtes Gebet. Pflichtgebet und Pilgerfahrt werden von einer **Absichtserklärung** zur Art des folgenden Rituals eingeleitet. Mit dem Gotteslob *Allahu akbar* (arab. „Gott ist allmächtig") tritt der Gläubige in den Weihezustand ein. Wer sich im Weihezustand befindet, der den Gläubigen in einen gewissen Abstand zu allem Weltlichen bringen soll, muss Geschlechtsverkehr, Parfüm, Schmuck, Streitereien und belangloses Reden vermeiden, da dies zur Verunreinigung führen und den Weihezustand aufheben würde. Pilger im Weihezustand tragen zudem ein besonderes Gewand.

Das **Gebet** in seinen verschiedenen Formen ist das wichtigste Ritual der gläubigen Muslime. Neben dem freien Gebet (arab. du'a) verrichten Muslime das rituelle Pflichtgebet (arab. salat). Der Inbegriff des Gebets ist das „Gottgedenken" (arab. dhikr), das vor allem die Mystiker praktizieren.

Islamischer Gebetsritus

Fünfmal am Tag, zu festgelegten Tageszeiten, ruft der Muezzin zum rituellen **Pflichtgebet**, das für alle erwachsenen Muslime verbindlich vorgeschrieben ist und auf Arabisch gesprochen wird.

Das Pflichtgebet hat folgenden Ablauf: Nach der rituellen Waschung nimmt der Gläubige seine Position in Richtung Mekka ein (die notfalls durch einen Kompass, die so genannte Qibla bestimmt wird) und spricht die Absichtserklärung. Es folgt das Gotteslob, durch das er in den Weihezustand eintritt. Dann werden die erste Sure (*Fatiha*) des Koran und weitere Verse rezitiert. Es folgt die erste **Niederwerfung**, bei der der Betende sich, nach einem festgelegten Ritual, in verschiedenen Stufen niederwirft (auf die Knie, bis auf die Erde) und wieder aufrichtet. Zum Pflichtgebet gehören mehrere Niederwerfungen. Sie sind der körperliche Ausdruck für die inne-

Gebetskette

Auch die Muslime kennen den Rosenkranz als Gebetshilfe. Anhand einer Perlenschnur mit 33 oder 99 Perlen können der Lobpreis Gottes, Koranverse oder andere Gebete meditiert werden. Häufig wird die Gebetskette (*Misbaha*) dazu benutzt, Gott mit seinen 99 schönsten Namen anzubeten.

re Hingabe des Betenden. Es folgen das Glaubensbekenntnis und der Segenswunsch über Muhammad. Abschließend spricht man nach rechts und links einen Friedensgruß. In der Moschee gilt er den Mitbetenden, zu Hause den beiden Engeln, die jeden Menschen begleiten.

Das Pflichtgebet kann zu Hause oder in der Moschee verrichtet werden. Freitags jedoch versammeln sich alle erwachsenen Männer zum **Freitagsgebet** und zur **Freitagspredigt** in der Moschee. Vermutlich wurde der Freitag als Tag für das gemeinsame Gebet gewählt, weil er zur Zeit Muhammads Markttag in Medina war.

Ein gemeinsam geübtes, wichtiges Ritual der Muslime ist das **Fasten** im Monat *Ramadan.* 30 Tage lang soll, sobald man einen weißen von einem schwarzen Faden unterscheiden kann, bis zum Sonnenuntergang nicht gegessen, getrunken oder geraucht werden, kein Wohlgeruch genossen und kein Geschlechtsverkehr ausgeübt werden. Schwangere, menstruierende Frauen, Stillende, Reisende und Kranke sind von dieser Regelung ausgenommen. Sie sollen aber das Fasten nachholen oder eine Buße leisten (z. B. einen Armen speisen). Klatsch, Streit und sonstige schlechte Gewohnheiten sind im Ramadan ebenfalls unbedingt zu meiden. Der Ramadan soll eine Zeit der Besinnung auf den Glauben und der Frömmigkeit sein. Da man im Ramadan der Herabsendung des Korans gedenkt, wird der Koran in diesem Monat in 30 Abschnitten rezitiert. Nach Einbruch der Dunkelheit trifft man sich meistens zum gemeinsamen Abendessen.

Im Wallfahrtsmonat **Dju-l-hidjdja** unternehmen Muslime die große Pilgerfahrt nach **Mekka**. Meist macht man sich gemeinsam in der Gruppe auf den Weg. Der Ablauf dieser religiösen Reise ist wiederum streng geregelt. Mit der Ankunft in dem heiligen Bezirk in der direkten Umgebung Mekkas wird die rituelle Waschung vorgenommen und die Gläubigen treten in den Weihezustand ein. Dann spricht man die Absichtserklärung. Die Wallfahrer kleiden sich in ein weißes Pilgergewand ohne Nähte. Alle Pilger besuchen die **Ka'aba** und umrunden sie in einem bestimmten Zeremoniell. Weiterhin steht eine Predigt auf dem Programm, die ein Imam von Mekka hält, der Aufenthalt in dem östlich von Mekka gelegenen Dorf Mina und die Wanderung in die Ebene von Arafat. Dort bildet der „Gnadenberg" einen gemeinsamen Treffpunkt, bevor es zurück nach Mekka geht. Im heiligen Tal von Muzdalifa sammelt man mindestens sieben Steine für die symbolische Steinigung des Teufels. Sie ist eine Erinnerung an die Versuchung Abrahams bei der Opferung seines Sohnes. Schließlich wird am zehnten Tag der Pilgerreise das so genannte **Opferfest** begangen. Muslime überall auf der Welt schlachten an diesem Tag ein Tier, verteilen Fleisch an die Armen und verwenden einen Teil für ein gemeinsames Mahl. Danach wird der Weihezustand zunächst beendet. Man umschreitet noch einmal die Ka'aba und hat damit den offiziellen Teil der Pilgerfahrt abgeschlossen.

Heilige Stätten

Ein besonderer Höhepunkt des religiösen Lebens ist für jeden Muslim und jede Muslima die große Pilgerfahrt nach Mekka. Aber auch Medina und Jerusalem gelten wegen ihrer Beziehung zum Leben des Propheten im Islam als heilige Städte.

Die Moschee – Ort der Sammlung und Versammlung

Nach islamischer Vorstellung hat Gott selbst die Erlaubnis gegeben, dass Moscheen errichtet werden und dass man darin seines Namens gedenkt. Die Moschee (arab. masdijid) ist ein „Ort des Sichniederwerfens". Meist hat sie einen quadratischen oder rechteckigen Grundriss und manchmal einen oder mehrere Türme, die **Minarette**, von denen aus der

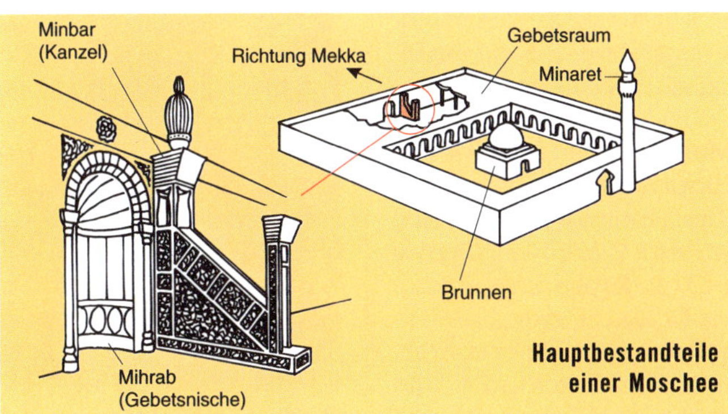

Hauptbestandteile einer Moschee

Gebetsruf erschallt. Die Ausrichtung der Moschee nach Mekka markiert die oft reich verzierte **Gebetsnische** (Mihrab). Im Innern der Moschee findet man keinerlei Bilder oder Kultgegenstände. Die einzigen Einrichtungsgegenstände sind neben mehreren Lampen die treppenförmige **Kanzel** (Minbar) und der **Koranständer**. Der Boden ist mit Matten oder Teppichen ausgelegt. Im Eingangsbereich befindet sich zudem ein Brunnen oder eine Waschanlage für die rituelle Waschung. Dort werden auch die Schuhe ausgezogen. Außerhalb der Gebetszeiten treffen sich die Gläubigen zum Gedankenaustausch oder einfach um Kontakte zu pflegen. Frauen versammeln sich in einem abgetrennten Bereich im hinteren Teil der Moschee oder in einem separaten Raum zum Gebet, um die Männer nicht abzulenken.

Der Moschee sind meistens auch die Koranschule und andere soziale Institutionen (z. B. zur Armenfürsorge) angeschlossen.

Mekka – Zentrum des Glaubens

Hauptanziehungspunkt der jährlich etwa 2 Millionen Mekkapilger ist die **Ka'aba** (arab. „Würfel). Die Ka'aba, die auch „Haus Gottes" (arab. bait allah) heißt, ist ein etwa 12 x 15 Meter großer Würfel, der den Mittelpunkt des Innenhofs der **Großen Moschee** bildet. Nordöstlich, in einer Ecke der Ka'aba, befindet sich ein **schwarzer Stein**. Er ist in mehrere Teile zerbrochen und wird mit einer Silberfassung gehalten. Um der Segenskraft (Baraka) des Steins teilhaftig zu werden, versuchen die Pilger bei ihrer siebenmaligen Umrundung der Ka'aba, diesen Stein zu berühren.

Der Innenraum der Ka'aba kann nur an wenigen Tagen im Jahr, zur Zeit der Großen Pilgerfahrt, betreten werden. Außen liegt über dem würfelförmigen Bau die **Kiswa**, ein großes Tuch aus schwarzer Seide und Baumwolle, auf das in goldener Farbe das Glaubensbekenntnis und Koranverse gestickt sind. Am Ende der Pilgerfahrt wird das Tuch zerschnitten. Die Teile werden als Souvenir mit besonderer Segenskraft an Pilger verkauft.

Die Ka'aba in Mekka

! Berühmte Moscheen außerhalb der Wallfahrtsorte

Zu den berühmtesten Moscheen außerhalb der Wallfahrtsorte gehören die al-Azhar-Moschee in Kairo, die Blaue Moschee in Istanbul und die Große Moschee von Cordoba (Spanien). Die al-Azhar-Moschee („die Strahlende") ist gleichzeitig eine theologische Hochschule und heute die älteste, größte und wichtigste sunnitische Universität. Sie wurde 969 von den Fatimiden als schiitische Lehrstätte gegründet und im 12./13. Jh. in eine sunnitische Hochschule umgewandelt. Außer Theologie und Rechtswissenschaft kann man dort heute auch viele Geistes- und Naturwissenschaften studieren. Zu den Besonderheiten der 1617 errichteten Blauen Moschee in Istanbul gehört die durch mehrere Halbkuppel gestützte Mittelkuppel des Bauwerks, durch die ein riesiger Innenraum entsteht. Alle Wände der Moschee sind mit blau-grünen glasierten Kacheln (Fayencen) geschmückt. Die besondere Atmosphäre der Großen Moschee von Cordoba (begonnen 785 n. Chr.) entsteht durch die Doppelbögen, die das Dach tragen und den Blick in Richtung Himmel lenken.

Große Moschee von Cordoba, Innenansicht

Sämtliche Muslime erkennen die Ka'aba als einziges Heiligtum uneingeschränkt an. Auch in vorislamischer Zeit war die Ka'aba bereits eine Kultstätte. Dort befanden sich Götterstatuen und man konnte die dort ansässigen Priester und Wahrsager aufsuchen. Der schwarze Stein, der ursprünglich weiß gewesen sein soll, wurde damals ebenfalls bereits in Prozessionen um den Würfel herum verehrt. Nach muslimischer Auffassung hat bereits Adam die Ka'aba erbaut. Abraham soll sie später erneuert haben. Bei seiner Pilgerfahrt nach Mekka zerstörte er sämtliche Götzenbilder, die sich an der Ka'aba befanden und reinigte damit das Heiligtum für den Islam. Im Umkreis der Großen Moschee befinden sich außer der Ka'aba weitere Stätten, die für Muslime eine besondere Bedeutung haben, und die während der Pilgerfahrt besucht werden.

Medina – „Stadt des Propheten"

Etwa 450 Kilometer von Mekka entfernt liegt Medina (arab. Madina, „Stadt"), früher Jathrib. Hier gründete Muhammad, nachdem er von Mekka aus dorthin übergesiedelt war (Hidjra), das erste muslimische Gemeinwesen. Von Medina aus konnte er dem Islam eine starke Position auf der Arabischen Halbinsel verschaffen. Pilger besuchen die Moschee des Propheten, deren Kennzeichen die schlanken, hohen Minarette sind.

Die Umgebung um die Pilgerstätten in Mekka und Medina gelten als „heiliges Gebiet". Nichtmuslime dürfen es nicht betreten.

Jerusalem – „das ferne Heiligtum"

Der „heilige Bezirk" der Muslime in Jerusalem umfasst den **Felsendom** mit seiner goldenen Kuppel und die 702 n. Chr. erbaute **al-Aqsa-Moschee** (arab. „die ferne Gebetsstätte"). Bei seiner nächtlichen „Himmelsreise" auf dem geflügelten weißen Reittier Burak, zu der der Engel Gabriel ihn eines nachts von Mekka aus mitgenommen haben soll, ist Muhammad, so die Überlieferung, nach Jerusalem gelangt. Von dieser „entfernten Kultstätte" soll er in den Himmel aufgestiegen und dort den großen Propheten begegnet sein. Dann, so die Überlieferung weiter, ist er in die Gegenwart Gottes

Klagemauer und Felsendom

erhoben worden. Am Ausgangspunkt dieser „Himmelsreise", dem Felsen, auf dem sich der 70 n. Chr. zerstörte Tempel der Juden befunden hatte, wurde zunächst von Kalif Umar eine einfache Moschee errichtet. 691 entstand dort der Felsendom. Ein Fußabdruck des Propheten soll darin heute noch zu sehen sein.

Religiöse Feste

Neben den „heiligen Zeiten" während der Großen Pilgerfahrt und des Fastenmonats Ramadan bilden die religiösen Feste Höhepunkte des islamischen Kalenders. Der islamische Kalender orientiert sich am Stand des Mondes. Ein Tag beginnt mit Sonnenuntergang, ein Monat immer dann, wenn die Sichel des Neumonds erscheint. Insgesamt hat ein Mondjahr 354 Tage (sechs Monate mit 29 und sechs Monate mit 30 Tagen). Im Verhältnis zu dem christlichen Kalender beginnen die Monate um zehn oder elf Tage früher.

Das wichtigste islamische Fest ist das **Opferfest** (arab. id al-adha, türk. qurban bayramu), das am zehnten Tag des Wallfahrtsmonats **Dju-l-hidjdja** gefeiert wird. Es bildet die abschließende Zeremonie der Großen Pilgerfahrt, wird aber an diesem Tag gleichermaßen von den Pilgern und den Muslimen überall auf der Welt begangen. Das Fest erinnert an den Gehorsam Abrahams, der bereit war, seinen Sohn Ismail zu opfern, weil Gott es von ihm forderte. Gott verzichtete jedoch auf das Opfer und schickte ein Schaf, das Abraham schlachten sollte. Daher wird zu diesem Fest ein Schaf oder eine Ziege geschlachtet. Ein Drittel des Fleisches spendet man an Bedürftige, ein Drittel an Verwandte und ein Drittel isst die Familie gemeinsam. Auch Geldspenden von bis zu 10% des Jahreseinkommens für soziale Einrichtungen sind üblich.

Mit der **Nacht der Sichtung**, der Nacht, in der der Neumond zum ersten Mal sichtbar ist und der den Beginn des Fastenmonats **Ramadan** markiert, treten die Gläubigen in eine heilige Zeit ein. Sie sollen nicht nur fasten, sondern auch ihr religiöses und gemeinschaftliches Leben erneuern. Außerdem gedenkt man in diesen 30 Tagen der Herabsendung des Korans, der in 30 Abschnitten rezitiert wird. Die

Abraham

„Nacht der Macht" (arab. lailat alqadr), die am 27. Ramadan gefeiert wird, ist der ersten Offenbarung des Korans, mit der die Herabsendung begann, gewidmet. Es ist eine Nacht der Erleuchtung und der Segenskraft, die als Lichterfest gefeiert wird.

Nach Abschluss der 30 Tage feiert man ein dreitägiges Fest des **Fastenbrechens** (arab. id al-fitr; türk. sheker bayramu, „Zuckerfest"). Es gehört, wie das Opferfest, zusammen mit dem Geburtstag des Propheten, zu den höchsten Festen des islamischen Kalenders. Zur Feier des Tages gibt es spezielles Gebäck und aufwendige Speisen. In der Familie haben alle neue Kleider bekommen, damit man sich besonders fein machen kann. Dazu gehört auch, dass Frauen sich mit Hennamalerei schmücken. Für die Kinder gibt es Geschenke. Das Fest des Fastenbrechens ist ein fröhliches Fest. Es steht im Zeichen der Dankbarkeit, dass man mit Allahs Hilfe das Fasten eingehalten und eine Stärkung des Glaubens erfahren hat. An diesem Tag ist der Besuch in der Moschee zum Gemeinschaftsgebet verpflichtend. Familien und Freunde besuchen sich gegenseitig und treffen sich zum Festessen. Damit auch die Armen an der Festfreude teilhaben können, ist es üblich, zu den Feiertagen großzügig Almosen zu verteilen.

Ein bis zwei Tage lang feiert man am 12. Rabi'I im dritten Monat den **Geburtstag des Propheten Muhammad**. Da das genaue Datum seiner Geburt unbekannt ist, erklärte man den Todestag des Propheten auch zu seinem Geburtstag. Das Fest wurde im 10./11. Jh. eingeführt und wird mit Prozessionen und Gebeten, besonderen Predigten und dem Erzählen von Begebenheiten aus dem Leben Muhammads begangen. Schon in der Nacht sind die Moscheen mit zahlreichen Lichtern feierlich erleuchtet. Die Mystiker wählen diesen Tag häufig für besondere Veranstaltungen.

Ein weiterer Feiertag zu Ehren des Propheten gilt seiner nächtlichen **Himmelsreise** (arab. mi'radj), auf die der Erzengel Gabriel ihn geführt haben soll. Dabei soll Muhammad, nach der Überlieferung, von Jerusalem aus in die Gegenwart Gottes erhoben worden sein. Festtag ist der 27. Radjab.

Der Hinduismus

Der Hinduismus kann auf eine lange Tradition zurückblicken. Bereits in der zweiten Hälfte des 2. Jt. v. Chr. begannen arische Einwanderer die Glaubenswelt der Ureinwohner des Industals (in Südindien) durch ihre vedische Religion zu beeinflussen. Es entstanden religiöse Formen, aus denen sich der Glaube entwickelte, der später als Hinduismus bezeichnet wurde. Der Hinduismus hat im Laufe seiner Entwicklung ganz verschiedene und mitunter widersprüchliche religiöse Strömungen aufgenommen, die noch heute nebeneinander existieren.

Hindus bei der rituellen Waschung im Ganges

Grundlehre des hinduistischen Glaubens

Den in jeder Hinsicht vielgestaltigen Glauben auf einen Nenner zu bringen, ist schwierig. Er ist durch einen ausgeprägten Polytheismus charakterisiert, dessen zahlreiche und sehr unterschiedliche Gottheiten eine umfangreiche Mythologie beschreibt (vedische Religion). Er kennt aber auch die Vorstellung eines allumfassenden göttlichen Seins, das sich jeweils in verschiedenen Formen ausdrückt (Brahman).
Die hinduistischen Religionsgemeinschaften zählen heute etwa 840 Millionen Anhänger. Der größte Teil von ihnen lebt auf dem indischen Subkontinent, doch indische Auswanderer brachten den Hinduismus in viele britische Besitzungen. In Nepal ist der Hinduismus **Staatsreligion**. Auch in Europa und in den USA praktizieren inzwischen viele Hindus ihren Glauben. In den westlichen Ländern interessiert man sich seit Ende des 19. Jh. vor allem für den **Neohinduismus**, durch den bestimmte Yogaformen und Meditationspraktiken in den Westen gelangten.
Als Hindus bezeichneten die Muslime der Nachbarländer ursprünglich die Bewohner Indiens, deren Religionen ihnen fremd waren,

weil sie sich deutlich vom Islam, Judentum und Christentum unterschieden. Das Wort ist die Pluralform des persischen Hindû (für den Fluss Indus). Im 19. Jh. fassten die Engländer dann unter dem Begriff Hinduismus alle Religionen und philosophischen Richtungen zusammen, die unter den Einwohnern Indiens verbreitet waren. Da es keinen einheitlichen „einheimischen" Begriff für die Vielfalt der religiösen Formen gab, blieb man schließlich bei der Sammelbezeichnung.

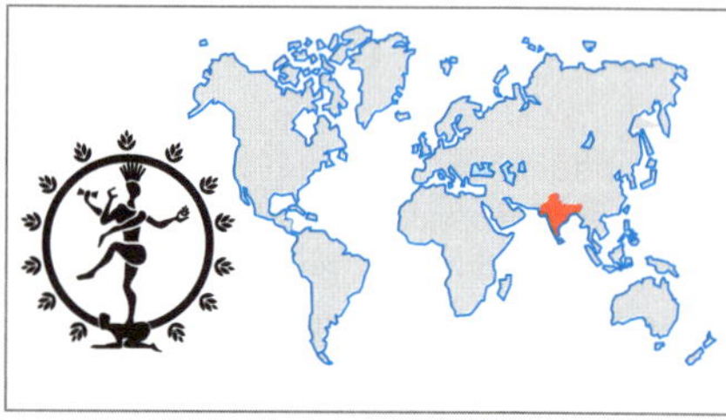

Verbreitung des Hinduismus

Eine einheitliche Lehre kennt der Hinduismus nicht. Gemeinsamkeiten lassen sich allenfalls in der religiösen Praxis, in der sozialen Ordnung und in der Glaubenserfahrung finden, wobei auch hier wiederum vielfältige, neuere und ältere, Formen nebeneinander existieren. Als verbindende Elemente kann man die Anerkennung der vedischen religiösen Schriften, den Glauben an die Wiedergeburt und die Einbindung in die gesellschaftliche Ordnung des Kastensystems sehen. Auch im Hinduismus unterscheidet man zwischen der Hochreligion, die durch philosophische Traditionen Indiens bestimmt ist, und der Volksfrömmigkeit, deren Polytheismus und Gebräuche den Hinduismus am stärksten geprägt haben.

Yogaübung, Miniatur

Ewige Ordnung und Heilige Wahrheit

Ein Wort, das dem abendländischen Begriff Religion entspricht, kennt der Hinduismus und auch die Sprache des Sanskrit nicht. Alle hinduistischen Glaubensüberzeugungen schätzen jedoch die Praxis der Pflichterfüllung hoch. Wie sich die ***Ewige göttliche Ordnung*** (sanatana dharma) in allen Bereichen des Lebens ausdrückt und damit sämtlichen Handlungen eine religiöse Bedeutung verleiht, so ist auch der Platz des Einzelnen in Gesellschaft und Familie ein Abbild dieser Weltordnung. Wie alles, was existiert (Götter, Menschen, Tiere, Pflanzen, Naturerscheinungen), hat auch der Mensch die Aufgabe, dort, wo er in diese Ordnung eingebunden ist, entsprechend dem **Dharma** („das Tragende", auch Gesetz, Norm, Tugendhaftigkeit) zu leben, also seine persönlichen Pflichten (svadharma) und die der Gruppe, zu der er gehört, so gewissenhaft wie möglich zu erfüllen.

Nach hinduistischer Auffassung haben weise Menschen in der Urzeit ihr Leben nach der ewigen Ordnung ausgerichtet. Sie sind dadurch zum Vorbild der rechten Pflichterfüllung geworden. Die ältesten gemeinsamen Traditionen und das Heilige Wissen sind Bestandteil der **Veden**, der Sammlungen religiöser Schriften, die aus der Zeit um 1500 v. Chr. stammen.

In den Veden ist grundgelegt, wie der Mensch in Kontakt mit den göttlichen Mächten treten kann. Dabei ging es zunächst um die richtige Durchführung der Rituale und Opfer zu Ehren der Götter und Naturgottheiten, durch die man für die Dinge des praktischen Lebens einen günstigen Einfluss erwirken wollte (Reichtum, Gesundheit, männliche Nachkommen). Die Vorstellungen, wie die Zeremonien durchzuführen sind und welche Götter angerufen werden sollen, sind dabei wiederum sehr vielfältig, sodass aus der Fülle der vedischen Literatur verschiedene Schulen hervorgingen. Obwohl die vedische Religion eine Art Vorstufe des Hinduismus bildet, hat sie großen Einfluss auf dessen Ausprägung. Viele uralte Glaubensvorstellungen wurden neu interpretiert oder philosophisch vertieft.

Der Kreislauf des Daseins

Mit den philosophisch geprägten Schriften der *Upanishaden* gewinnt eine weitere Gemeinsamkeit der hinduistischen Religionen an Bedeutung: der Glaube an die **Wiedergeburt**. Es geht nun in der religiösen Praxis nicht mehr nur darum, über den Opferkult die Dinge des diesseitigen Lebens zu beeinflussen. Die religiöse Praxis gewinnt eine neue Dimension, die zu einer Vertiefung der religiösen Vorstellungen und der rechten Lebensweise führt und die Position der Götter und Naturgottheiten relativiert. Die Welt, so die hinduistische Auffassung, kennt keinen Anfang und kein Ende. In einem ewigen Kreislauf entstehen und vergehen Welten in riesigen Zeitdimensionen. In diesen Daseinskreislauf (samsara) ist auch der Mensch eingebunden. Die Seele des Menschen, sein Selbst, das **Âtman**, ist jedoch unsterblich und dieser unveränderliche Teil geht bei der Wiedergeburt von einer Existenzform in eine andere über (**Reinkarnation**).

In welcher Lebensform der Mensch wiedergeboren wird, ob auf der Stufe der Götter, der Menschen oder der Tiere und welchen Rang er dort einnimmt, richtet sich nach seinen Handlungen. Die Handlungen des Menschen und die Folgen, die sie nach sich ziehen, stehen nach dem Gesetz des **Karman** (Sanskrit „Tat", „Handlung", „Werk") in einem direkten Zusammenhang. Mit jeder Handlung, aber auch mit seinen Gedanken und Absichten, sammelt der Mensch gutes oder schlechtes Karman an. Die Summe aller seiner Taten prägt das Leben eines Menschen sowohl in seiner aktuellen Existenz als auch darüber hinaus, denn es bestimmt das Leben, in das er wiedergeboren wird. In jedem Leben wird weiterhin gutes oder schlechtes Karman gesammelt. Je höher in der Hierarchie der Lebewesen jemand wiedergeboren wird, desto näher kommt er dem Ziel der Befreiung (Moksha) aus dem Kreislauf der Wiedergeburt. Erst wenn der Mensch zur höchsten Stufe gelangt, also zur Erkenntnis der göttlichen Seele (Brahman), und damit auch die Natur seiner eigenen Seele versteht, sammelt er kein neues Karman mehr an und ist am Ziel.

Gutes Karman sammelt, wer in Übereinstimmung mit der Weltordnung und seinem Dharma, seinen Pflichten und Tugenden, lebt. Reinheit, Gutwilligkeit, Barmherzigkeit und Geduld gehören ebenso zu dem allgemein verbindlichen Dharma (sanatana dharma) wie Ahimsha (Nichtverletzen), das Gebot, keiner Kreatur, weder

! Heilige Kühe

Kühe gehören in Indien zum Straßenbild und dass sie dort immer wieder den Verkehr aufhalten, wird mehr oder weniger gelassen hingenommen. Kühe gelten in Indien als wertvolle Nahrungsquelle und werden daher besonders verehrt. Sie sind Symbole des Lebens und der „Mutter Erde". In vielen Bereichen des Lebens sind die Kühe auch heute noch unentbehrlich. Sie werden in der Landwirtschaft gebraucht, um z. B. die Pflüge zu ziehen, sie liefern Milch, aus der Quark und Jogurt hergestellt werden, und selbst Harn und Dung der Kühe verwendet man für rituelle Zwecke. Auch in ihrem geduldigen Wesen gelten Kühe als vorbildlich.

Heilige Kühe in Indien

Mensch noch Tier, Leid zuzufügen. Aus diesem Grund ernährt man sich vegetarisch, Fleisch zu essen ist eher unüblich. Darüber hinaus sind weitere Gebote die Tugenden Selbstbeherrschung, Mildtätigkeit, Wahrheit und Freigebigkeit.

Die ewige Schöpferkraft

Urgrund allen Seins ist das **Brahman**, die alles durchdringende Schöpferkraft. Alles Erschaffene geht auf diese Schöpferkraft zurück.
Da der Mensch durch den Atman, den Lebenshauch, eine unsterbliche Seele besitzt, verwirklicht sich sein Sein letztlich erst in der Erlösung aus dem Kreislauf der Wiedergeburten, in den er durch seine Verstrickung mit der materiellen Welt eingebunden ist. Erst wenn der Mensch durch die Abkehr von allen weltlichen Begierden zum wahren Wissen, d. h. zur Erkenntnis des Brahman gelangt und damit auch das tief in ihm verborgene Wesen seines eigenen Selbst, des Atman erkennt, erreicht er die Verbindung mit der göttlichen Schöpferkraft in einem besonderen Bewusstseinszustand (**Nirvana**). Wer in diesen Zustand gelangt ist, ist ein schon zu Lebzeiten Befreiter (Jivanmukta). Er sammelt kein weiteres Karman mehr an und wird nicht mehr wiedergeboren.

Wege zur Erlösung

Um in diesen Zustand zu gelangen, kann man verschiedene Wege gehen. Die Erlösung setzt die Freiheit von allen Strebungen und Begierden voraus. Deshalb ist auch das Streben nach Befreiung aus dem Kreislauf der Wiedergeburt zu überwinden. An seine Stelle tritt die Erkenntnis des Göttlichen durch Vertiefung des Wissens und die völlige innere Freiheit in der Beherrschung von Körper, Geist und Empfindungen. Drei Hauptwege sollen zu diesem Zustand führen. Der **„Weg des Wissens und der Erkenntnis"** (jnanamarga) lässt den Menschen Begierden als Verstrickung in die Täuschungen und Veränderlichkeiten der Welt erkennen und hilft ihm, sie zu überwinden. **Meditation** und **Askese**, wie sie z. B. beim **Yoga** praktiziert werden, helfen beim Erreichen eines höheren Bewusstseins. Der **„Weg des selbstlosen Handelns"** (Karmanmarga) umfasst das Handeln des Menschen in religiöser, aber auch in gesellschaftlicher Hinsicht in selbstloser Erfüllung seiner Pflichten, wie sie seiner Position in Kaste, Lebensabschnitt und Familie entsprechen (Varnashrama-dharma). Der dritte Weg ist der **„Weg der liebenden Hingabe"** (bhaktimarga). Durch Methoden der geistigen Versenkung, Askese, Verehrung eines Götterbildnisses u. a. wendet sich der Mensch intensiv einem von ihm ausgewählten Gott zu (ishtadevata) und erfährt durch seine bedingungslose Hingabe und Liebe zu ihm (bhakti) dessen Gnade über alle gesellschaftlichen Ordnungen und Gesetze des Karmans hinweg. Dieser Weg wird meist unter der Anleitung eines Gurus beschritten und ermöglicht aus jeder Position in der gesellschaftlichen Ordnung heraus die Befreiung aus dem Kreislauf des Daseins.

Der Mensch und sein Platz in der Gesellschaft

Auf die Zeit der vedischen Hymnen geht die hinduistische Einteilung der Gesellschaft in vier Stände (Kasten) zurück. Innerhalb des **Kastensystems** erhält jeder Mensch seinen Platz in der Weltordnung, an dem er seine Pflichten nach dem Dharma erfüllen soll. Vier Stände (urspr. Varnas, „Farben") bilden die Grundordnung: die **Brahmanen** (Priester und Gelehrte), **Kshatriya** (Krieger und Adelige), **Vaishya** (Händler, Handwerker, Bauern) und **Shudra** (Dienende und niedere Handwerker). Außerhalb des Kastensystems stehen die **Parias**, die „Unberührbaren" bzw. **Dalits** („die Unterdrückten"), die die untere Schicht in der gesellschaftlichen Hierarchie bilden und diejenigen Arbeiten ausführen müssen, die als unrein gelten (z. B. Straßenfegen). Die Kasten bilden in sich abgeschlossene Gruppen, innerhalb derer sich bestimmte Traditionen herausbilden. Nur innerhalb der eigenen Kaste werden Ehen geschlossen (Endogamie). Allerdings entstanden mit der Zeit innerhalb dieser Stände zahlreiche weitere Untergruppen. Daher ist die Geburtsgruppe, die **Jati**, die eigentliche Kaste eines Hindu, in die er hineingeboren wird, und zu der er ein Leben lang gehört. Durch komplizierte und regional unterschiedliche Unterteilungen entstanden an die 3000 Jatis, die wiederum etwa 25.000 Untergruppen bilden.

Asket, Gemälde aus dem 17. Jh.

Die Männer der oberen drei Kasten haben in bestimmten Stadien ihres Lebens zusätzliche Pflichten zu erfüllen. Sie durchlaufen vier Stufen (Ashramas), die des Schülers, des Hausvaters, der für den

Unterhalt seiner Familie sorgt, die des „Waldbewohners", der sich aus den Alltagsgeschäften zurückzieht, um sich mehr seinem spirituellen Leben zu widmen, und schließlich die des **Sannyasa**, der der Welt völlig entsagt. Wer sich auf dieser vierten Lebensstufe ganz dem asketischen Leben verschreiben möchte, um die Befreiung aus der Wiedergeburt zu erreichen, kann als Einsiedler oder in einem Kloster ein völlig neues Leben beginnen.

Die Aufgaben der Frauen liegen hingegen in der Haushaltsführung und dem Dienst für ihren Mann.

Die indische Verfassung schaffte 1948 das Kastensystem offiziell ab. Völlig aufgehoben ist es dadurch jedoch nicht. Wenn auch im städtischen Leben nur noch ein paar Privilegien der oberen Kasten übrig geblieben sind, so bestimmt das Kastensystem immer noch das Leben auf dem Land und häufig auch in den privaten Haushalten. Vor allem die Heirat innerhalb der eigenen Kaste ist nach wie vor üblich.

Reformbewegungen im modernen Hinduismus

Im 19. Jh. begann eine Auseinandersetzung mit der hinduistischen Tradition unter dem Einfluss westlichen Gedankenguts, das vor allem die Engländer nach Indien brachten. Außerdem grenzte man sich zunehmend von den anderen Religionen Südasiens wie dem Buddhismus und dem Islam ab. Es ging darum, dem Hinduismus als Weltreligion zu neuem Ansehen zu verhelfen, indem man überholte Praktiken und Riten aufgab und aus den eigenen reichhaltigen religiösen Quellen und philosophischen Traditionen das Selbstbewusstsein der Hindus stärkte.

Indische Hochzeit

Reformen im sozialen Bereich gingen zunächst von **Ram Mohan Roy** (1772–1833) aus, der sich gegen die Verehrung von Götterbildern und gegen die Witwenverbrennung (Sati) aussprach. Auch **Ârya-Samâj** (eigentlich Dayananda Srasvati, 1824–1883) wollte, in der Rückbesinnung auf die Lehre der Veden, soziale Reformen durchsetzen. Dazu gehörten etwa die Abschaffung der Kinderheirat, Einführung der Schulpflicht für Jungen und Mädchen und die Aufhebung des Kastensystems.

Tiefe Religiosität und politischen Widerstand verband **Mohandas Karamchand Gandhi** (genannt Mahatma, „die große Seele", 1869–1948) in seinem Einsatz für die Unabhängigkeit Indiens von der britischen Kolonialmacht, die er 1947 erreichte. Seine Form des Protests war der gewaltlose Widerstand durch zivilen Ungehorsam (z. B. Boykott und zahlreiche friedliche Protestaktionen) und die von ihm entwickelte Form des Festhaltens an der Wahrheit (Satyagraha), zu der auch das Fasten als Ausdruck der inneren Festigkeit gehörte. Mahatma Gandhi wandte sich aus tiefer religiöser Überzeugung gegen Rassismus und Diskriminierung, gegen die Unterdrückung der Frauen und gegen das Kastenwesen. Wichtige Tugenden waren für Ghandi Bescheidenheit, Enthaltsamkeit und Selbstbeherrschung.

Esoterische Reformbewegungen, die im 20. Jh. den Hinduismus auch in Europa und den USA verbreiteten, gingen vor allem von **Shri Aurobindo Ghose** (1872–1950) und **Ramakrishna** (eigentl. Gadadhara Chatterij, 1834/36–1886) aus. Aurobindo verband sämtliche hinduistischen Yogasysteme mit wissenschaftlichen Erkenntnissen des Westens. Dadurch sollte ein Weg gefunden werden, den Aufstieg des menschlichen Geistes zur Verbindung mit dem göttlichen Bewusstsein zu erreichen. Ramakrishna, der Priester eines der Göttin Kali geweihten Tempels war, galt wegen seiner religiösen Ekstasen als Heiliger. Er verkündete die Einheit des Göttlichen und betrachtete alle Religionen als gleichberechtigt.

Kali

Die Vereinigung mit dem Göttlichen war für ihn über alle Riten und gesellschaftlichen Schranken hinweg möglich. Die Ramakrishna-Mission, die einer seiner Schüler gründete, setzt sich für die Erneuerung des Hinduismus, den Dienst am Mitmenschen und den Dialog zwischen östlichem und westlichem Denken ein.

Die Sikhs als Sonderform des Hinduismus

Hinduismus und Islam verbinden sich bei den Sikhs („Schüler") zu einer religiösen Sonderform. Die Sikhs glauben wie die Muslime an einen einzigen Gott, vor dem alle Menschen gleich sind, und lehnen das Kastenwesen entschieden ab. Gleichzeitig übernehmen sie jedoch aus dem Hinduismus den Glauben an die Wiedergeburt und zahlreiche religiöse Zeremonien. Ihr Gründer, **Guru Nanak**

(1469–1538), führt seine religiösen Einsichten auf eine Vision zurück, in der Gott sich ihm als ein Einziger offenbart habe. Die

Sikhs: Nanak Sadhu, Miniatur 19. Jh.

Tempel in Amritsar

Glaubensregeln der Sikhs sind in einem „heiligen Buch", dem *Adi Granth* oder *Granth Sahib* zusammengefasst, ihr zentrales Heiligtum ist der Goldene Tempel von Amritsar. Rein äußerlich sind Sikhs an ihrer auffallenden Kleidung leicht zu erkennen. Die Männer tragen ihr Haar ungeschnitten unter einem farbigen Turban. Weiter gehören kurze Kniebundhosen zu ihrer Ausstattung, ebenso wie der unrasierte, lange Bart. Sie tragen zudem Kamm, Dolch und einen eisernen Armreif bei sich. Seit ihrer Verfolgung durch die Mogulkaiser im 17. Jh. entwickelten die Sikhs zunehmend eine kriegerische Gesinnung, die sie bis heute kennzeichnet.

Heilige Schriften

Genauso vielfältig wie die religiösen Formen und Richtungen des Hinduismus sind auch seine Schriften. Neben Anweisungen zur Durchführung der Rituale stehen gleichberechtigt philosophische Spekulationen und mythische Erzählungen. Eine allgemein verbindliche Schrift, die allein die Grundlage des Glaubens bilden könnte, gibt es im Hinduismus nicht.

Verschiedene Traditionsstränge entwickelten sich aus der Verehrung bestimmter Hauptgötter.

Die *Veden* – das Ewige Wissen

Die ältesten Texte des Hinduismus sind die *Veden* („Wissen"), die aus der Zeit um etwa 1500 v. Chr. stammen und in der Sprache des Sanskrit verfasst sind. Sie werden von allen religiösen Richtungen anerkannt und gelten als Überlieferung einer Wahrheit, die in Urzeiten besonders inspirierten Priestern und Sehern (rishis) offenbart wurde. Diese gehörte bzw. geschaute Offenbarung wurde lange Zeit mündlich innerhalb der Priesterfamilien weitergegeben und enthielt Anweisungen für die Priester, wie die Opfer zu Ehren der Götter richtig durchgeführt werden sollten. Das exklusive Wissen sicherte den Priestern eine besondere Position. Nur sie durften die überlieferten Hymnen und Opfersprüche *(Mantras)* rezitieren und weitergeben. Erst um 1000 v. Chr. wurden diese Traditionen in vier Sammlungen (*samhitas*) zusammengefasst und schriftlich festgehalten: die *Rigveda* (Hymnen an verschiedene Gottheiten), *Samaveda* (Lieder und Melodien), *Yajurveda* (Opfersprüche, Formeln und Verse) und die *Atharvaveda* (Hymnen und Zaubersprüche für das Alltagsleben).

Die vier Sammlungen werden ergänzt durch jeweils drei Arten von **Zusätzen**. Die *Brahmanas* beschreiben die Rituale genauer und geben Regeln für ihre Ausfüh-

! Die Veden

Als die Veden im 19. Jh. von den Europäern entdeckt wurden, konnte die indoeuropäische Sprachwissenschaft wichtige Rückschlüsse aus den in der Sprache des Sanskrit verfassten Texten ziehen, die bereits sprachwissenschaftliche Erläuterungen mitliefern. Der *Vedanga* („Glieder des Veda") enthält Ausführungen zu Phonetik (*shiksha*), Metrik (*chandas*), Etymologie (*nirukta*), Grammatik (*vyakarana*), Astronomie, Kalender (*jyotisha*) und den Ritualen (*kalpa*) als Hilfe zur korrekten Durchführung der Rituale.

rung an. Außerdem erörtern sie Zweck und Sinn der rituellen Handlungen. Die *Aranyakas* („Sammlungen aus dem Wald") erweitern die Brahmanas um Erläuterungen, die weise Waldeinsiedler verfasst haben sollen. Sie erklären den Sinn der einzelnen Rituale. Eine weitere Stufe der Ergänzung wird mit den *Upanishaden* erreicht. Sinn und Wesen der Rituale werden weiter vertieft und stärker verinnerlicht. Das Wissen um ihre Bedeutung ist hier wichtiger als ihre Durchführung.

Die *Epen* – Volksweisheit und Religionsgespräch

Das *Mahabharata* (400 v. Chr. – 300 n. Chr.) und das *Ramayana* (200 v. Chr. – 200 n. Chr.) sind zwei große Versepen, die nicht nur spannende Geschichten erzählen, sondern auch in vielen mythischen und philosophischen Einschüben der religiösen Belehrung dienen.

Episode des Ramayana, Miniatur 17. Jh.

Das *Mahabharata* ist mit 100.000 Versen das längste Versepos der Weltliteratur. Seine Rahmenhandlung, die alle Legenden, Einschübe und Handlungsstränge miteinander verbindet, erzählt in 18

Vishnu (Sonnengott)

Kapiteln (Büchern) von dem Kampf zwischen den Pandavus und den Kauravas um die Vorherrschaft im Reich. Beide Zweige sind eine Nachkommenschaft des Königs Bharata.

Von zentraler Bedeutung für den Hinduismus ist ein Einschub im sechsten Kapitel des Epos, die *Bhagavadgita* (auch kurz *Gita*), „das Lied des Erhabenen", die 700 Doppelverse umfasst.

In diesem Abschnitt führt Arjuna, der größte Krieger der Pandavus, ein Gespräch mit dem Gott Krishna, der ihm als Wagenlenker begegnet. Angesichts einer Schlacht, bei der Arjuna auch gegen Verwandte kämpfen muss, zweifelt er an seiner Aufgabe als Krieger. Krishna erklärt ihm jedoch, dass es seine Pflicht sei, den Kampf fortzusetzen. Krishna erläutert Arjuna darüber hinaus den Zusammenhang zwischen Seele und Wiedergeburt und die drei Wege zur Befreiung von der Wiedergeburt (Jnana-marga, der Weg des Wissens, karma-marga, der Weg der Tätigkeit und bhakti-marga, der Weg der frommen Hingabe).

Er, Arjuna, müsse nun in absichtsloser Hingabe seine Pflicht erfüllen, nicht aus Angst und auch nicht in Erwartung eines bestimmten Ergebnisses. Krishna gibt sich Arjuna als Inkarnation Vishnus zu erkennen und betont, dass der Mensch, wenn er sein Tun in jeder Situation seinem Gott zum Opfer bringt, ebenso die Befreiung erlangen kann wie durch Vertiefung in Meditation und religiöse Übungen. So werden über die verschiedenen Wege, die Erlösung zu erreichen, unterschiedliche Lebensweisen in ein System integriert, das durch den Begriff des Dharma und die persönliche Pflichterfüllung zusammengehalten wird.

Das *Ramayana*, dessen Umfang nur etwa ein Viertel des *Mahabharata* ausmacht, erzählt in sieben Kapiteln (Büchern), im Stil einer Heldengeschichte von den Erlebnissen Ramas, einer weiteren Inkarnation Vishnus. Auch Rama, der älteste Sohn des Königs Dasharatha, ist in den Kampf um ein irdisches Königreich verwickelt. Aufgrund einer Intrige muss er in die Verbannung in den Wald ziehen. Seine Frau Sita und sein Bruder Lahshmana begleiten ihn, doch Sita wird von dem Dämonenkönig Ravana entführt. Rama

Hanuman

befreit Sita mithilfe des Affen Hanuman, dem Befehlshaber eines Heeres aus Affen und Bären und Sohn des Windgottes. Schließlich kann er als Herrscher nach Ayodhya zurückkehren, wo unter ihm ein goldenes Zeitalter beginnt. Auch in diesem Epos ist die Pflichterfüllung im Sinne des Dharmas ein wichtiges Thema. Rama ordnet sein ganzes Tun der Pflichterfüllung unter und Sita, die Rama in die Verbannung begleitet und auch in der Gefangenschaft ihre Keuschheit und Treue bewahrt, ist im Hinduismus ein Vorbild weiblicher Sittlichkeit und ehelicher Treue.

Die Geschichten von den Abenteuern Ramas und Krishnas sind in Indien bei Groß und Klein sehr beliebt. Die Helden sind die Stars in Puppenspielen, Comicserien und aufwendigen Verfilmungen.

Die *Puranas* – Mythen aus der Urzeit

Von der Erschaffung der Welt und von den wichtigsten Göttern erzählen die *Puranas* („die Uralten") in 18 großen Schriften und weiteren 18 kleineren mit eher regionaler Bedeutung. In Gesprächen der Götter untereinander und mit weisen Menschen werden außerdem religiöse Verhaltensweisen und Lebensziele erörtert. Die *Puranas* sind allen Kasten gleichermaßen zugänglich und hatten daher großen Einfluss auf die Tradition. In ihnen stellt sich die gesamte Vielfalt des hinduistischen religiösen Lebens dar. Vor allem in der Volksfrömmigkeit haben sie einen hohen Stellenwert. Im Mittelpunkt einer jeden *Purana* steht jeweils eine Gottheit, die darin als das höchste Wesen gepriesen und mit bestimmten Riten und heiligen Stätten in Zusammenhang gebracht wird. Die Götter erscheinen jeweils als **Avatara** (Verkörperung, Inkarnation) der höchsten Schöpferkraft.

Drei Haupttraditionen haben sich in den *Puranas* herausgebildet, innerhalb derer jeweils eine Gottheit als die höchste gilt, von der die anderen abstammen. Die *Vaishnavas* verehren **Vishnu** als oberste Gottheit, die *Shaivas* **Shiva** und für die *Shaktas* steht die Göttin **Shakti** an der Spitze der Götterdynastie.

Shiva, 13. Jh

Schriften zu praktischen Fragen

Zu den großen Schriften des Hinduismus kommen zahlreiche weitere hinzu. Bekannt sind vor allem die philosophischen Schriften der *Darshanas*, Aufzeichnungen zu Fragen des Gesetzes und des Lebenswandels (*Dharmashastra*), Meditationsanleitungen und Chroniken.

Unter den philosophischen Schulen beschäftigt sich z. B. die *Mimamsa* mit den vedischen Ritualen. Die Schrift geht auf den **Brahmanen Jaimini** zurück. Sie entstand vermutlich zwischen dem 2. Jh. v. Chr. und dem 1. Jh. n. Chr. Jaimini fasste die Zeremonien zu einem Lehrwerk zusammen und beschreibt z. B., wie durch richtig ausgesprochene *Mantras* (Silben oder Verse, denen man eine spirituelle Kraft

zuschreibt) eine bestimmte Wirkung erzielt werden kann oder wie sie zur Meditation eingesetzt werden.
Zu den bekanntesten östlichen Meditationspraktiken gehört der **Yoga** (abgeleitet von der Sanskritwurzel yui, „anjochen", „sich anstrengen"). Als Methode, Geist und Körper über Atmung und Meditation zu kontrollieren und zu disziplinieren, um zur Erleuchtung zu gelangen und aus dem Kreislauf der Wiedergeburt befreit zu werden, ist Yoga Bestandteil aller indischen Religionen. Bereits zur Zeit der Upanishaden (ca. 800 v. Chr.) wurden diese Übungen praktiziert. Um das 5. Jh. n. Chr. fasste **Patanjali** in seinem **Yoga-Sutra** die wesentlichen, bis dahin bekannten Techniken zusammen. Nach Patanjali sind acht Glieder (Asthanga) erforderlich, um in einen Zustand zu gelangen, bei dem alle geistigen Aktivitiäten zur Ruhe kommen und eine höhere Bewusstseinsstufe erreicht werden kann. Alle acht Glieder bauen aufeinander auf und müssen in der Praxis miteinander verbunden werden. Am Anfang übt sich der Schüler in die äußere Zucht ein, zu der Gewaltlosigkeit, Keuschheit, Wahrhaftigkeit und Besitzlosigkeit gehören. Die innere Zucht setzt Sauberkeit, Askese, Studium und Gottesliebe voraus. Weiterhin wird eine bestimmte Sitzposition eingenommen, der Atem kontrolliert, die Sinne werden von der Außenwelt zurückgezogen und der Geist konzentriert sich auf einen bestimmten Punkt. Nun kann der Mensch durch die Meditation in eine immer tiefere Schau eintreten und, je nach seinem Fortschritt im spirituellen Leben, zur Erkenntnis des Brahman gelangen.

Tantra: Brahma, Durga, Kali, Devi

Einige Übungen des Yoga, die sich vor allem auf die Körperbeherrschung richten, sind auch in den westlichen Ländern bekannt und erfreuen sich als Entspannungstechniken großer Beliebtheit.
Eine eigene Sammlung von Schriften, die *Tantra* („Gewebe"), liegt dem **Tantrismus** zugrunde. Sie stammen aus dem 8. Jh. n. Chr. und verschmelzen die yogische Philosophie mit bestimmten Ritualen zu einem esoterischen Sys-

tem. Nach tantrischer Auffassung ist die Schöpfung in ein männliches und ein weibliches Prinzip und in den Gegensatz von Materie und Geist geteilt. Manche Strömungen setzen diese Prinzipien mit männlichen und weiblichen Gottheiten gleich (Shiva/Shakti). Im menschlichen Körper bildet sich, so die Tantristen, die Schöpfung wie in einem Mikrokosmos ab, sodass über den Körper die Vervollkommnung erreicht werden kann. Mittel dazu sind strenge Übungen zur Selbstdisziplinierung, aber auch das Ausleben der Sinnlichkeit bei perfekter Körperbeherrschung als Mittel zu seiner Überwindung. Unter der unverzichtbaren Anleitung eines Gurus lernen die Schüler im Tantrismus Techniken zur Kontrolle von Körper und Geist, die ihnen unter Umständen auch übernatürliche Fähigkeiten verleihen können. Wichtige Meditationshilfen sind im Tantrismus *Mantras* („heilige Sprüche", Verse, Worte, Sätze oder Götternamen) und *Yantras*, zu denen auch die *Mandalas* gehören. *Yantras* sind zwei- oder dreidimensionale Diagramme oder geometrische Figuren. Sie stellen verschiedene Elemente des Göttlichen dar, z. B. gegensätzliche Aspekte oder die Beziehung zwischen Shiva und Shakti. Im Zentrum des Yantras liegt bindu, der verbindende Punkt, der die Einheit zwischen beiden Aspekten und den kraftvollen Mittelpunkt darstellt. Durch die Konzentration auf diesen Punkt und damit auf die Einheit der Gegensätze soll der Mensch die göttliche Kraft in seinen Geist aufnehmen.

Religiöse Oberhäupter

Da der Hinduismus keine religiösen Institutionen in Form von Kirchen kennt, erhalten auch die religiösen Oberhäupter ihre Position nicht innerhalb der festen Struktur einer Glaubensgemeinschaft, sondern aufgrund ihrer persönlichen Vervollkommnung auf dem Weg zur Einheit mit der göttlichen Schöpfermacht. Durch ihre Geburt in einen geistlichen Stand oder Fortschritte auf dem spirituellen Weg, die sie durch Meditation und religiöse Praxis erreicht haben, werden einzelne Hindus zum Vorbild und Lehrer. Sie können andere Gläubige unterweisen und auf ihrem Weg zum Heil begleiten.

Die Brahmanen – Hüter der ewigen Wahrheit

Das in den vedischen Hymnen überlieferte Wissen war traditionell den Vertretern des geistlichen Standes, den Brahmanen vorbehalten. Sie bildeten die oberste

Schicht des Kastensystems. Von ihnen nahm man an, dass sie dem Göttlichen besonders nahe standen. Daher waren sie befugt, die Opferrituale zu Ehren der Götter durchzuführen und die Verbindung zwischen den Menschen und dem Göttlichen herzustellen. Nur wer zur Schicht der Brahmanen gehörte, konnte Priester werden. Zur Zeit des Brahmanismus (8.–6. Jh. v. Chr.) wurde der exakten Durchführung der Opferrituale so große Bedeutung beigemessen, dass die Brahmanen sogar den Göttern gleichgestellt wurden.

Brahmanen sind auch heute noch als **Gelehrte** (Pandita), Vermittler und Ausleger des religiösen Wissens, das sie im Idealfall auch durch ihr vorbildliches Leben

Guru

weitergeben. Um Priester zu werden, müssen die Brahmanen eine intensive Ausbildung in der Durchführung der Zeremonien und im Vortrag der *Mantras* und Hymnen bei einem Brahmanen-Priester durchlaufen.

Heute werden im Bundesstaat Maharashtra auch Frauen zu Tempelpriestern ausgebildet, da an manchen Orten männliche Priester fehlen. Orthodoxe männliche Priester reagieren darauf mit heftiger Kritik, doch bereits in den *Veden* und in den *Upanishaden* sind Priesterinnen erwähnt.

Insgesamt hat sich durch zahlreiche Reformen die Bedeutung der vedischen Rituale und die Position der Priester im modernen Hinduismus relativiert. Dennoch sind sie durch ihr Wissen und ihre Ausbildung nach wie vor die Hüter der uralten hinduistischen Traditionen.

Der Guru – Weisheitslehrer und religiöser Meister

Als Guru (Sanskrit „schwer") wird ursprünglich bezeichnet, wer eigenes Wissen vermittelt und bei seinem Schüler als verehrungswürdig gilt. Das sind zunächst die Eltern, die ihre Kinder erziehen, aber auch die Lehrer in Schule und Ausbildung. In religiöser Hinsicht ist der Lehrer in spirituellen Dingen der Guru. Er führt seinen Schüler aufgrund seiner eigenen

Erfahrung und spirituellen Reife zur Vervollkommnung in den religiösen Praktiken und zur Erkenntnis des Göttlichen in ihm selbst. Auch eine Gottheit kann als göttlicher Guru und Leitbild der Gläubigen verehrt werden.
Seit der Zeit der *Upanishaden* erfuhren Menschen, die sich in ihrem Streben nach Erkenntnis einem Guru anvertrauten, eine neue Freiheit von traditionellen Formen und den Beschränkungen durch das Kastensystem. Diese Form der geistlichen Anleitung brachte Reformen für den gesamten Hinduismus mit sich.
Sich von einem Guru in spirituellen und persönlichen Dingen beraten zu lassen ist heute bei vielen Indern aller gesellschaftlichen Schichten durchaus üblich. Im modernen Hinduismus kann der Guru auch eine Frau sein.

Symbole, Rituale und Götter

Eine Religion, die so viele Traditionen und Strömungen umfasst wie der Hinduismus, kennt natürlich auch eine Vielzahl verschiedener Symbole und Riten. Außer den Riten, für die seit vedischer Zeit die Brahmanen zuständig sind, gibt es eine Reihe weiterer, die zur Verehrung der Götter in der Hausandacht, im privaten Raum, praktiziert werden.
Die religiöse Praxis der Hindus ist zudem geprägt durch zahlreiche Götter und ihre Familien und Gefolgschaften. Sie gelten als Manifestationen des ewigen göttlichen Prinzips und können ihrerseits wiederum in verschiedenen Inkarnationen als Mensch oder Tier auftreten.
Eine umfangreiche und lebendige Mythologie berichtet von ihren Eigenarten und Abenteuern. Ihre Attribute tragen zur Vielfalt der hinduistischen Symbolwelt bei.

Symbole

Wichtigstes Symbol des Hinduismus ist die heilige Silbe **Aum** oder **Om**. Sie steht, in Sanskrit geschrieben, allgemein für den Hinduismus. Aum ist Sinnbild für das Brahman. Die Bedeutung der Silbe weist auf die Kraft, die man im Hinduismus dem Klang zuschreibt. In vedischer Zeit herrschte die Auffassung, durch den Klang sei die göttliche Kraft im Universum erfahrbar. Deshalb war es wichtig, beim Rezitieren der Hymnen und beim Durchführen der Rituale die Melodien richtig zu intonieren. Die Kraft des Rituals lag in dem Gesang der Hymnen. In der Silbe Aum nimmt das Brahman die Form von Klang an, in ihr ist die Erkenntnis des Kosmos, des Atman und des Brahman, enthalten. So kann der Klang den Menschen zum Göttlichen führen. Gleichzeitig ist

Aum ein Mantra, das den Weg vom Nichtwissen bis zur Bewusstheit umfasst. Dabei steht der Klang A für das Bewusstsein im Wachzustand, U drückt den nach innen gewandten Traumzustand aus und M ist der Zustand im traumlosen Tiefschlaf. Auf diese drei Laute folgt die Stille der Erkenntnis.

Als **Mantras** (Verse, Silben oder Wörter mit spiritueller Kraft) werden im Hinduismus häufig Götternamen verwendet. Die Wiederholung des Namens ist eine Form der Versenkung in die Gegenwart des Gottes und ruft die göttliche Gnade an. In einer bestimmten Melodie kann der Gottesname über den Klang zur Erkenntnis führen.

Auch die **Yantras** (geometrische Figuren) sind Hilfsmittel zur Meditation, die vor allem im Tantrismus eingesetzt werden. Auf einer Art Diagramm werden Elemente des Göttlichen abgebildet und durch einen Punkt (bindu) verbunden, der die Einheit zwischen den Aspekten herstellt, und in dem sich ihre Kraft konzentriert. Über diesen Punkt versenkt sich der Mensch in die göttliche Kraft.

Zu den Yantras gehört als besondere Form des Meditationsbildes das **Mandala** (Sanskrit „Kreis"). Als Modell des Kosmos werden geometrische Formen, wie Kreis (menschlicher Bereich) oder Quadrat (göttlicher Bereich) ineinander gesetzt. Aus der Darstellung zentraler Gottheiten gehen noch weitere Gottheiten hervor. Auch Mantras können innerhalb des Mandalas vorkommen. Sie führen über das Mandala zur Begegnung des Geistes mit der Gottheit selbst.

Rituale

Das Ritual, durch das Hindus im Tempel oder im Haus die Verehrung der Götter vollziehen, ist **Puja** („Achtung", „Huldigung", „Verehrung"). Bei der Puja trat in der spätvedischen Zeit an die Stelle von Tieropfern die Huldigung an die Götterbilder. Man bringt den Göttern Speise- oder Blumenopfer dar und behandelt sie als besonders verehrungswürdige Gäste. Man bereitet ihnen Annehmlichkeiten, wie sie einem weit gereisten Gast angeboten werden. Im häuslichen Bereich sind es meist 16 kleine Dienste, die man den Götterbildern erweist. Zu ihnen gehört das Reichen von Wasser zum Reinigen der Hände und Füße, das Baden, das Anlegen neuer Kleidung, das Überreichen einer heiligen Schnur, Salbung mit duftenden Salben und Blumenschmuck. Weihrauch und ein Öllicht sollen die Gottheit außerdem erfreuen. Dann setzt man ihr verschiedene Speisen vor. Schließlich verneigt man sich vor dem Götterbild, umrundet es und verabschiedet sich. Bis zu 108 Dienste können zu dem Ritual gehören, in der Kurzform beschränkt man sich auf fünf (Salbung, Blumenspende, Weihrauch, Öllichter, Speisung). Über diese Dienste soll das Götterbildnis aktiviert werden, man glaubt, dass die Gottheit sich dann tatsächlich darin verkörpert und zur Verehrung durch die Menschen anwesend ist. Das Ritual wird immer in der Absicht durchgeführt, die Götter zu erfreuen. Dies kann aus reiner Gottesliebe geschehen oder auch, um sich unter den Schutz der Gottheit zu stellen und um Hilfe in bestimmten Angelegenheiten zu erbitten.

Bei alltäglichen Anliegen kann das Ritual zu Hause vollzogen werden, während man etwa bei Hungersnöten und Dürren oder anderen Bedrängnissen, die das ganze Gemeinwesen oder eine Region betreffen, an den Riten teilnimmt, die die Priester im Tempel vollziehen. Auch jahreszeitliche Feste werden im Tempel begangen. Das Ritual im Tempel hat einen sehr viel komplizierteren Ablauf als das häusliche Ritual und ist genauer geregelt. Hier ist das Spezialwissen der Priester zur korrekten Durchführung aller Zeremonien gefragt.

Auch für die Gestaltung des Tageslaufs eines im Tempel wohnenden Gottes ist der Priester zuständig. Der Ablauf des Tages ist nach Art eines königlichen Hofzeremoniells geregelt. Morgens wird der Gott geweckt, dann gewaschen, angekleidet und geschmückt. Auf die Audienz folgt das Mittagessen, das wie alle Gaben, die der Gottheit dargebracht werden, im Anschluss an die Zeremonien an die Gläubigen und die Priester verteilt wird (Prasada, „Gnade"). Durch die Berührung mit der Gottheit gelten diese Gaben als aufgeladen mit besonderer Kraft und Gnade.

Götter

Über Jahrhunderte hinweg hat der Hinduismus eine vielgestaltige Götterwelt ausgebildet.

Seit der vedischen Zeit werden viele einzelne Gottheiten und göttliche Mächte verehrt, die man z. B. in Naturphänomenen zu erkennen meint. So ist **Indra** der Gewitter- und Regengott, aber auch Hauptgott der arischen Einwanderer, die die vedische Religion ins Industal brachten. **Agni** ist der Gott des Opferfeuers, der auch für Lebenskraft und Energie steht und aufgrund der Bedeutung des Feuers in den Ritualen als Mittler zwischen Göttern und Menschen gilt. **Surya**, der Sonnengott, war lange Zeit einer der populärsten Götter.

Während in der Hochreligion mit den *Upanishaden* der Glaube an das Brahman als ewige Schöpfermacht zunehmend wichtiger wurde als die Götterwelt, blieb in der Volksreligion die Verehrung der unterschiedlichen Göttergestalten weiter lebendig.

Surya

Drei **Hauptgötter** (Trimurti) bildeten sich im Laufe der Zeit innerhalb des hinduistischen Pantheons heraus: **Brahma** (zu unterscheiden von der göttlichen Urkraft, dem Brahman), **Shiva** und **Vishnu**. Zu ihnen gehören jeweils Gattinnen und eine Gefolgschaft. In verschiedenen Kulten wird jeweils einer dieser Götter als oberste Gottheit verehrt, während die anderen als Erscheinungsformen dieses Gottes betrachtet werden. Jeder Kult hat seine eigenen Formen und Traditionen entwickelt. Von Wirken und Verehrung der Götter (devis) berichten die *Puranas*.

Der Brahma – vierarmiger Schöpfergott

Der Brahma ist der konkrete Schöpfergott, der die Welt, wie wir sie kennen, erschaffen hat. Er ist trotz der Namensähnlichkeit zu unterscheiden von dem Brahman, dem abstrakten schöpferischen Urprinzip, der alles umfassenden göttlichen Kraft im Universum. Der Brahma tritt jeweils zu Beginn eines neuen Weltzyklus in Aktion. Er hat vier Köpfe und vier Arme. Als Attribute gehören zu ihm der Veda, die Lotosblüte, ein Zepter, ein Opferlöffel, die Gebetsschnur und ein Gefäß mit Wasser. Schwan oder Wildgans, das Symbol der Weisheit, ist sein Reittier.

Brahma und Krishna

Shiva – Der Tanz im Flammenring

Shiva ist mit drei Gesichtern dargestellt, von denen zwei gegensätzlich sind (etwa asketisch weltzugewandt, schrecklich/friedlich) und das dritte von ernster Tiefe, das die beiden anderen versöhnt. Typisch ist auch der Tanz des Shiva im Flammenring, wie ihn viele Statuen zeigen. Im Tanz verbindet Shiva seine gegensätzlichen Kräfte und darin erhält er seine höchste Macht. Die **Flam-**

me ist Symbol der Zerstörung und der Erneuerung. Auch als Asket wird Shiva häufig gezeigt, mit wirrer Haartracht, in der die Göttin des Flusses Ganges, **Ganga**, zu sehen ist. Sie schenkt dem Land Wasser und steht daher für Fruchtbarkeit. Damit das Wasser nicht ungebremst vom Himmel auf die Erde strömte und sie überflutete, fing Shiva es der Sage nach in seinem Haar auf. Weitere Attribute des Shiva sind sein Reittier, der **Stier Nandi** (Symbol der Fruchtbarkeit), der **Dreizack** und vor allem sein **Phallus**, der **Linga** oder **Lingam** („Merkmal"), Zeichen der Zeugungskraft, der häufig in stilisierter Form als Symbol für Shiva zu finden ist. Kennzeichen Shivas ist außerdem das **dritte Auge der Erkenntnis**, das Shiva auf der Stirn trägt. Die Verehrer Shivas malen sich rechts und links neben das dritte Auge noch jeweils drei waagrechte Linien (Tripundra) auf die Stirn.

Bronzestatue des Shiva

Shivas Gattin ist **Parvati**, die Tochter des Himalaja und Schwester der Ganga, die auch als Muttergöttin verehrt wird. Ihr Symboltier ist der Löwe. Häufig werden Shiva und Parvati auf Bildern gemeinsam mit ihren Söhnen Karttikeya und Ganesha dargestellt. **Karttikeya** ist eine kriegerische Figur. Zu ihm gehören die Attribute Speer und Pfau (Wappentier Indiens). Der elefantenköpfige **Ganesha** gehört zu den populärsten Götterfiguren Indiens. Dem Mythos nach erkannte Shiva seinen Sohn nicht, als dieser einmal die Gemächer seiner Mutter bewachte. Er schlug ihm den Kopf ab, ersetzte ihn aber gleich wieder durch den Kopf des ersten Wesens, das ihm begegnete, eines Elefanten. Zu Ganeshas Attributen gehören eine Schale mit Süßigkeiten (Laddoos) und sein Reittier, eine Ratte oder Maus. Ganesha gilt als Herr der Anfänge, Gott der Weisheit und des weltlichen Erfolgs. Er kann, so glaubt man, ungezügelte Instinkte

Parvati, Gattin Shivas

zähmen und Hindernisse beseitigen. Häufig wird er daher z. B. vor Antritt einer Reise, bei Geschäftsabschlüssen und beim Hausbau angerufen.

Vishnu – Retter und Erhalter in vielerlei Gestalt

Vishnu ist der Herrscher der Welt, der häufig mit Königskrone dargestellt wird. Seine vier Arme weisen in die vier Haupthimmelsrichtungen. Er vereinigt in sich die Kräfte des Universums, das er erhält, und repräsentiert das Prinzip des Schützens und Erneuerns. Um die Erde zu retten und Böses abzuwenden, verkörpert er sich in verschiedenen Inkarnationen (Atavaras). Anders als die durch Karman erzwungenen Wiedergeburten des Menschen werden die Inkarnationen von den Göttern freiwillig angenommen, weil sie den Menschen zu Hilfe kommen wollen. Neun Inkarnationen Vishnus sind bereits auf die Erde herabgestiegen, die zehnte soll auftreten, wenn der derzeitige Weltzyklus endet. Die wichtigsten Inkarnationen Vishnus sind Krishna (der Held des *Mahabharata*) und Rama (der Held des *Ramayana*). Auch als **Matsya** (Fisch), **Kurma** (Schildkröte), **Varaha** (Eber), **Narasimba** (Mannlöwe), **Vamana** (Zwerg), als Brahmanensohn Parashurama, als Buddha und als **Kalki** (Pferd) hat Vishnu schon Gestalt angenommen. Attribute Vishnas sind sein Reittier Garuda (halb Mensch, halb Adler), ferner der Diskus (Symbol der Sonne),

Elefantenköpfiger Ganesha

Skulptur des Vishnu (rechts), Tempelfassade

die Schneckentrompete (erzeugt den heiligen Klang des Aum), die goldene **Keule** (symbolisiert die Macht des Geistes und die Autorität zum Aufrechterhalten der Ordnung) und der **Lotus**. Seine Gemahlin ist die Göttin **Lakshmi**, die schöne und gütige Glücksgöttin.

Vishnu und Lakshmi

Gewaltlosigkeit (Ahisma) und Gottesliebe (Bhakti) sind Kennzeichen des durch Vishnu geprägten Glaubens. Vishnus Anhänger tragen eine senkrechte Markierung auf der Stirn.

Die Göttinnen

Alle weiblichen Götter sind Verkörperungen der Muttergöttin oder Großen Göttin, **Mahadevi**. Sie treten meist als Gemahlinnen der männlichen Gottheiten auf oder als lokale Göttinnen einer Region oder eines Heiligtums.

Die Göttin **Shakti** ist Shivas weibliches Gegenstück und auch seine Gemahlin. Sie repräsentiert die weibliche Schöpferkraft und kann wiederum verschiedene Verkörpe-

Kali

rungen annehmen. Shakti kann sich als kriegerische **Durga** zeigen, eine mächtige, energievolle Göttin und kraftvolle Muttergottheit (Devi), die auf einem Löwen oder Tiger reitet, oder als schreck-

Krishna und Radha

liche **Kali**. Kali ist durch dunkle Hautfarbe und blutrünstige Attribute gekennzeichnet. Sie zerstört das Böse und schafft neues Leben. Die Gemahlin Vishnus, die Glücksgöttin Lakshmi, trat auch in seinen Inkarnationen gemeinsam mit ihm auf. Sie begleitet Vamana als Lotos, Rama als Sita und Krishna als Radha.

Heilige Stätten

Im Hinduismus ist nicht der Tempel, sondern der **Hausaltar** (Familienschrein) der Ort, an dem man täglich die Gebete spricht und den durch Bilder oder Statuen repräsentierten Göttern Gaben darbringt, Lichter anzündet und Räucherwerk verbrennt.

Tempel gelten jeweils als Wohnstätte bestimmter Götter, die an Festtagen oder zu anderen besonderen Anlässen aufgesucht werden.

Um in möglichst direkten Kontakt mit der Gottheit zu gelangen, unternehmen die Hindus **Pilgerfahrten** zu heiligen Stätten. Das können heilige Orte in der Natur sein wie bestimmte Berge (z. B. der Himalaya), Bäume oder viele Flüsse. Häufig weisen sie geologische Merkmale auf oder haben eine Bedeutung in der Mythologie. Andere Wallfahrtsziele, zu denen man von überall her anreist, stehen in besonderer Weise mit dem Eintritt der Götter in die Welt in Zusammenhang. Dort soll die göttliche Gnade unmittelbar erfahrbar sein, und der Besuch jener Orte gilt als besonders verdienstvoll, um gutes Karma zu erlangen.

Der Tempel – Residenz der Gottheit

Tempel sollen Wohnsitze der jeweiligen Gottheit sein, der sie gewidmet sind. Oft gibt es Legenden, die erzählen, wie eine Gottheit dazu kam, sich gerade an diesem Ort niederzulassen. Wenn die Gottheit an einem Ort sesshaft geworden ist, kann man ihr dort besonders nahekommen. Es ist aber auch wichtig, dass der Tempel so eingerichtet ist, dass sich die Gottheit dort wohl fühlt. In seiner Bauweise soll der Tempel Abbild der kosmischen Ordnung sein.

Zentrum des Tempels bildet das so genannte **„Mutterschoßhaus"**, eine gemauerte, quadratische Zelle, in der sich das Symbol oder Kultbild der Gottheit befindet, der der Tempel geweiht ist. Häufig erhebt sich über dieser Zelle eine hohe Kuppel oder ein Turm, der die Achse der Weltrichtung in den Himmel darstellt. Die Gläubigen verehren das Götterbild vom Eingang der Zelle aus. Daran schließen sich, je nach Größe des Tempels, weitere Nischen und Hallen an, in denen sich weitere Götterbilder befinden und die Platz für die Durchführung der Rituale bieten. Ein kleiner Teich gehört unbedingt zum Tempel, da in der Wohnstatt des Gottes immer Wasser vorhanden sein muss. In der Tempelarchitektur unterscheidet man den nördlichen und den südlichen Stil. Der Tempel des Nordens weist meist eine oder mehrere Kuppeln (shikara) auf, die zumindest über dem zentralen Götterbild, aber auch über den ganzen Tempel ausgedehnt sein können. Südliche Tempel sind meist nicht überdacht, aber von einer Mauer umgeben, die in jeder Himmelsrichtung eine Tür aufweist, über der sich ein Turm (goupram) erhebt.

Ganges

Abgesehen von diesen Unterschieden ähneln sich die Tempel meist in ihrem Grundriss. Viele kleinere Heiligtümer, die verschiedenen Gottheiten gehören, umgeben das zentrale Heiligtum, sodass man sich ihm schrittweise annähert. Es bildet den **bindu**, den verbindenden Kraftpunkt im Zentrum.

Das Bad im Ganges – Eintauchen in den Mittelpunkt der Welt

Der heilige Fluss Ganges wird als Inkarnation der Göttin Ganga verehrt. Ursprünglich floss der Ganges im Himmel, bis er das Gebet eines tugendhaften Frommen erhörte und auf die Erde herabkam. Damit die ungebremsten Fluten die Erde nicht überschwemmten, fing Shiva den Ganges in seinen Haarflechten auf.

Für alle Hindus ist der Ganges das wichtigste Pilgerziel. Ein rituelles Bad in dem heiligen Fluss reinigt den Pilger von seinen Sünden und bringt auch seiner Familie Heil, bis hin zur siebten Generation der Vorfahren. Überall entlang des 2700 Kilometer langen Flusslaufs findet man rituelle Badeplätze und heilige Stätten. Die Stadt **Varanasi**, früher **Benares**, ist jedoch der wichtigste Wallfahrtsort der Pilger. Überall in der dem Gott Shiva geweihten Stadt finden sich Steintreppen (Ghats), die zum Fluss hinunterführen und an denen verschiedene religiöse Zeremonien durchgeführt werden. Alle Wallfahrtsorte sollen in Varanasi vereint sein, das als Mittelpunkt des Kosmos gilt, an dem sämtliche Götter anwesend

sind. Wer in Varanasi stirbt, erlangt die Befreiung von der Wiedergeburt.
Auch ein Bad an der Stelle, an der die Flüsse Ganges, Jamuna und der nach der Mythologie unterirdische, unsichtbare Sarasvati in der Stadt **Allahabad** zusammenfließen, verschafft einem Pilger die Erlösung aus dem karmischen Kreislauf, vor allem wenn es zu einem genau berechneten Zeitpunkt genommen wird.
Zahlreiche weitere Wallfahrtsorte sind über ganz Indien verteilt. Dazu gehören **Kurukshetra**, der Schauplatz der großen Schlacht, von der der *Mahabharata* erzählt, **Ayodhya**, die Stadt **Ramas** und **Mathura**, in Nordindien, das Geburtsort Krishnas sein soll.
Berühmte Tempelanlagen sind der **Minakshi-Sundareshvara-Tempel** in Madurai/Tamilnadu und vor allem der Tempelbezirk am

Allahabad

Minakshi-Sundareshvara-Tempel in Madurai

ehemaligen Hafen **Mahabalipuram** an der Südostküste Indiens. Dort befinden sich monumentale Tempelbauten aus dem 7. Jh. n. Chr., die zum Weltkulturerbe der UNESCO gehören.

Religiöse Feste

Mehr als 1000 verschiedene Feste werden von gläubigen Hindus gefeiert. Davon haben jedoch viele nur regionale Bedeutung. Jeder Tempel richtet z. B. ein eigenes Fest zu Ehren der jeweils dort verehrten Gottheit aus. Alle Feste verbindet die Vorstellung, dass zu bestimmten Zeiten im Jahr jeweils die Kraft einiger Götter besonders stark ist. Zu dieser Zeit werden die entsprechenden Feste zu Ehren der Gottheit gefeiert.
Der **Festkalender** des Hinduismus ist **lunisolar**. Das heißt, er basiert auf dem Sonnenkalender,

doch die Daten werden nach dem Mondzyklus angegeben. Mit dem Neumond im Sonnenmonat beginnt jeweils ein Mondmonat. Die Tage werden von einem Mondaufgang zum nächsten berechnet (lunare Tage) und heißen **Tithis**. Jeder Monat hat 15 helle Mondtage (zunehmender Mond) und 15 dunkle Mondtage (abnehmender Mond). Der Monatsbeginn kann entweder nach dem Neumond festgelegt werden (amanta) und beginnt dann mit der hellen Hälfte, oder er wird nach dem Vollmond festgelegt (purnimanta) und die dunkle Hälfte bildet den Beginn des Monats.

Eines der wichtigsten Feste des Hinduismus ist **Kumbhamela** („Krugfest"), das rituelle Badefest. Es ist ein Pilgerfest, das alle drei Jahre, jeweils an einem heiligen Ort, mit einem Bad im Ganges gefeiert wird. Nach der Mythologie fielen bei einem Streit zwischen Göttern und Dämonen um einen Krug Unsterblichkeitsnektar (Amrita) einige Tropfen des kostbaren Getränks auf die Erde und es entstanden an diesen Stellen die Städte Hardvar, Nasik, Prayaga und Uijjain. An nach der Astrologie genau berechneten Tagen steigt man bei Sonnenaufgang an einem dieser Orte in den Fluss und erwirkt damit eine besonders heilbringende Reinigung für sich selbst und seine Familie. Das Wichtigste dieser Badefeste findet alle zwölf Jahre in Allahabad (Prayaga) statt, dort, wo der heilige Fluss Ganges, der Yamuna und der in der Mythologie erwähnte Sarasvati zusammenfließen.

Feste zu Ehren bestimmter Gottheiten haben meistens einen ähnlichen Ablauf. Häufig werden die **Murti**, Bilder oder Statuen der jeweiligen Gottheit, nach Art einer königlichen Parade, in Prozessionen mit riesigen Festwagen, Musik, Tanz und einem großen Volksaufgebot durch die Straßen getragen. Die Gläubigen bereiten sich durch Hausputz und Badetag auf das Fest vor, damit sie und ihre Umgebung rituell rein sind.

Meist wird eine kleine Götterstatue aus Ton gekauft. Sie wird geweiht (in der Regel von einem Brahmanen), wodurch, so glaubt man, die Gottheit für eine bestimmte Zeit in die Statue einzieht. Die Menschen können ihr in dieser Verkörperung nahe kommen und mit ihr in Kontakt treten. In dieser Zeit ist die Statue der Ehrengast auf dem Hausaltar und wird in verschiedenen Ritualen (Pujas) gegrüßt und verehrt. Bis zu zehn Tage dauert der Besuch der Gottheit, dann wird ein Ritual vollzogen, durch das die Statue wieder zu einer normalen Tonfigur wird. Die Tonfigur wird dann in einer Wasserstelle versenkt. Ihre Form löst sich auf, so wie auch die Gottheit wieder in den Kosmos zurückkehrt.

Einmal im Monat, bei Erscheinen des Neumonds wird die **„Nacht Shivas"** gefeiert. Bei Vollmond des Hindumonats **Phalguna** (Februar/März) begeht man darüber hinaus ein besonderes Fest zu Ehren Shivas, die **„Große Nacht Shivas"** (Mahashivarati). In dieser Nacht werden die Shiva-Tempel besucht und häufig Prozessionen durchgeführt. Die Menschen fasten und wachen die Nacht über.

Ein buntes Treiben zu Ehren von Vishnu, Krishna und Radha ist das Farben- und Frühlingsfest **Holi.** Es findet ebenfalls im Februar/März statt. Dabei ist es üblich, Beutel mit Farbpulver (Tika-Powder), mit dem man die Farben für die Markierungen auf der Stirn und an heiligen Stätten anrührt, auf den Straßen herumzuwerfen.

Ein Fest der Frauen ist **Tij** (Sanskrit „drei"), das zu Beginn der Monsunzeit, im Juli/August gefeiert wird. Verheiratete Frauen und geschlechtsreife Mädchen sind verpflichtet, daran teilzunehmen. Zunächst wird gefastet und für Gesundheit und das Glück der Familie gebetet, dann folgt eine Feier mit Musik und Tanz, bei der Shiva Opfergaben dargebracht werden.

Am Vollmondtag im Juli/August wird **Rakhi Bandhan** gefeiert, das „Anbinden der Dämonen". Man bindet sich gegenseitig Baumwollfäden als Glücksbringer um das rechte Handgelenk. Nach dem Vorbild des Gottes Indra, der so seine Gemahlin vor Dämonen schützte, binden Mädchen und Frauen ihren Brüdern die Amulette um, damit auch sie vor bösen Einflüssen bewahrt bleiben, und erhalten dafür Geschenke.

Ein populäres Fest zu Ehren Ganeshas ist **Ganesha Caturthi** („Ganeshas Vierter"). Es wird am vierten Tag des Hindumonats **Bhadrapada** im August/September gefeiert. Man verehrt Tonfiguren des Gottes, opfert ihnen z. B. Süßigkeiten, legt Gelübde ab, verehrt sie in Pujas und bittet um den Schutz des Gottes.

Besonders in Mathura, das als Geburtsort Krishnas gilt, wird **Krishna Janmashtami**, der Geburtstag Krishnas, gefeiert. Festtag ist der achte Tag der dunklen Hälfte im Monat Bhadrapada (August/September). Häufig fasten die Anhänger Krishnas an diesem Tag bis Mitternacht.

Das fröhliche Lichterfest **Divali** oder **Dipavali** ist das wichtigste Fest des Hindukalenders. Man feiert es fünf Tage lang im Oktober/November. Fünf Tage lang brennen kleine Tonlämpchen mit Butteröl (ghi), an manchen Orten veranstaltet man Feuerwerke. Die Lichter sollen Wegweiser für den aus der Verbannung heimkehrenden Rama sein und die Glücksgöttin Lakshmi zu den Gläubigen führen.

Der Buddhismus

Mit mehr als 334 Millionen Anhängern ist der Buddhismus die viertgrößte unter den Weltreligionen. Er bestimmt weitgehend Mentalität und Kultur Asiens, einer der wirtschaftlich wichtigsten Regionen der modernen Welt. Dabei ist der Buddhismus nicht die Religion eines Volkes, sondern in seinem Selbstverständnis universal und tolerant. Stifter des Buddhismus ist ein indischer Adeliger, Siddharta Gautama, bezeichnet mit dem Ehrentitel Buddha (Sanskrit zur Höchsten Wahrheit „Erwachter").

Ajanta (Indien), Wandmalerei mit einer Szene aus dem Leben Buddhas

Grundlehre des buddhistischen Glaubens

Wie die indischen Religionen kennt der Buddhismus die Vorstellung von der Wiedergeburt, die durch das Sammeln von **Karma** bestimmt wird. Buddha lehnte allerdings das indische Kastensystem sowie die Vormachtstellung der **Brahmanen** ab und erkannte die Schriftensammlung des *Veda* nicht mehr als verbindlich an. Im Unterschied zu allen anderen Weltreligionen kennt der Buddhismus kein höchstes Wesen und auch keinen Urgrund allen Seins als Gottheit. Buddhistischer Glaube ist in erster Linie eine bestimmte Lebensform.

Innerhalb Asiens sind verschiedene Formen des Buddhismus verbreitet und zum Teil Staatsreligion. Der so genannte südliche Buddhismus (Hianyana mit Theravada) ist in Sri Lanka, Thailand, Myanmar, Kambodscha und Laos vorherrschend. In China, Taiwan, Korea, Japan, Vietnam und Singapur ist die Form des nördlichen Buddhismus oder Mahyana (Großes Fahrzeug) die Hauptreligion und in Tibet (unter Kontrolle der chinesischer Regierung), der

Mongolei und Bhutan der tibetische Buddhismus.

Verbreitung des Buddhismus

Auch in Indien nimmt das Interesse am Buddhismus zu. Zudem gibt es buddhistische Gemeinden und Klöster in Nord- und Südamerika sowie in Europa. Viele buddhistische Klöster und Meditationszentren (in Japan und in den exiltibetischen Niederlassungen in Indien und Nepal) werden von Reisenden aus dem Westen besucht, die an der buddhistischen Lebensweise interessiert sind.

Der Buddhismus geht auf die Lehre Buddhas zurück, des **Siddharta Gautama** (560–480 v. Chr.), und ist nach seinem Ehrentitel „Erwachter" (nach der Sanskrit-Wurzel budh) benannt. Der französische Philologe **Eugène Burnouf** (1801–1852) benutzte Buddhismus erstmals 1844 als Oberbegriff für die verschiedenen Arten von Lehre und Praxis, die sich auf Buddha bezogen. Buddha selbst betrachtete sich nicht als Prophet oder Religionsstifter, sondern als Menschen, der anderen den Weg zur vollkommenen Erleuchtung weisen wollte.

Nach der Lehre des Buddha gibt es keinen Schöpfergott und keine unsterbliche Seele, sondern nur einen ständigen Kreislauf der Wiedergeburt, dem alle Wesen unterworfen sind. Wiedergeboren zu werden und an die Erscheinungen der Welt gebunden zu sein, bedeutet für den Menschen leiden. Ziel ist daher die Befreiung des Einzelnen und schließlich aller Wesen aus dem Daseinskreislauf. Durch die Erkenntnis, die in der Loslösung von allen Bindungen und in der Leerheit von dem Selbst liegt, erreicht der Mensch die Erleuchtung, den Eintritt ins **Nirvana**, und wird nicht mehr wiedergeboren. Erst wenn alles Karma beseitigt ist, ist der Daseinskreislauf für alle Wesen beendet.

Buddha – Vorbild der Erleuchtung

Schon um die Geburt des Buddha **Siddharta Gautama** (560–480 v. Chr.) ranken sich viele Legenden. **Mahamaya**, seine Mutter, soll ihn ohne menschliches Zutun im Alter von 40 Jahren empfangen haben und kurz nach der Geburt gestorben sein. **Shuddodhana**, einem indischen Fürsten aus dem Geschlecht der Shakya, dem Vater

Buddhas, soll bereits kurz nach der Geburt seines Sohnes prophezeit worden sein, dass dieser ein großer Herrscher oder ein Erwachter werden würde.

Um ihn zum Herrscher zu erziehen, lässt sein Vater Siddharta ein Leben mit allen Annehmlichkeiten führen. Siddharta heiratet seine Cousine Yasodhara und hat mit ihr einen Sohn, Rahula.

Mit etwa 29 Jahren verlässt er erstmals den Palast und wird mit dem Leiden konfrontiert, von dem ihn sein Vater immer versucht hatte abzuschirmen. Siddharta sieht einen Kranken, einen

Gläubige knien vor einer Buddha-Statue in den Grotten von Dambulla (Sri Lanka)

Alten und einen Toten, schließlich begegnet ihm ein Wanderasket, der das Leiden bereits überwunden hat. Diese Begegnungen beeindrucken den jungen Mann tief. Er verlässt Frau und Kind, um in einem asketischen Leben der Frage nachzugehen, woher das Leiden kommt. Doch Meditationsübungen und strenge Askese bringen ihm nicht die Erkenntnis, die er sucht. Als eine Frau, die ihn für einen Heiligen hält, Essen anbietet, gibt er sein strenges Fasten auf und beginnt auf dem später so genannten mittleren Weg die Erleuchtung zu suchen. Mäßigung, aber nicht völliger Verzicht ist von da an seine Praxis. Bei einer Meditation unter einem Feigenbaum in Bodh Gaya beschließt Siddharta nicht eher aufzustehen, bis er die Erleuchtung erlangt habe. In einer Vollmondnacht schließlich erlangt er die ersehnte Erleuchtung und ist von da an Buddha, der Erwachte.

Statt sofort ins Nirvana einzugehen, wie es nun für ihn möglich gewesen wäre, beschließt Buddha aus Mitgefühl für die Menschen, ihnen seine Einsichten zu vermitteln. Er stirbt mit 80 Jahren friedlich, in der Gewissheit, ins Nirvana zu gelangen.

Einen Nachfolger hatte Buddha nicht bestimmt. Jedoch hatte er seine Schüler zu einer Klostergemeinschaft (Sangha) zusammengeschlossen. Seine Lehre (Dhar-

Buddha erklärt ein Gesetz, Gemälde aus Kakrak

ma) verbreitete er in vielen Reden und gab seinen Schülern den Auftrag, sie weiterzuvermitteln.

Der Dharma – ewiges Weltgesetz

Buddha selbst hat den Inneren Weg als **Dharma** („das, was trägt, hält oder heilt") bezeichnet. Der Dharma ist die einzige verbindliche Norm des Buddhismus, das ewige Gesetz der Welt, wie der Erleuchtete es erkannt hat. Für ihn ist nicht mehr die Kastenpflicht der brahmanischen Religion das Gesetz, das der Mensch zu erfüllen hat, sondern die Innere Pflicht, die ihn zum „wahren Menschen" macht. Das Weltgesetz des Dharma kann von Menschen aller Kulturen und Religionen erfüllt werden. Es ist individuell zu erfahren und führt zur Befreiung von Herz und Geist. Jeder kann aus der jeweils eigenen Situation heraus den Weg zur Erkenntnis finden. Dazu ist es nicht einmal nötig, dass man seinen ursprünglichen Glauben aufgibt. Viele Japaner sind z. B. gleichzeitig Buddhisten und Shintoisten.

Der Weg zur Erleuchtung ist im Buddhismus ein Weg der Praxis. Meditation und der achtsame Umgang mit den anderen und mit sich selbst sind dabei wesentlich. Als Bekenntnis, den **Befreiungspfad** gehen zu wollen, gilt die bewusste Entscheidung für die **„Drei Juwelen"** mit den Worten: „Ich wähle den Buddha, den Dharma und den Sangha zum Freiort".

Die Vier Edlen Wahrheiten

In seiner ersten Rede nach dem Erwachen verkündete Buddha seinen fünf Weggefährten die Grund-

Shintoistisches Portal

wahrheiten, die er in seiner Erleuchtung erlangt hatte. **Die Vier Edlen Wahrheiten** (Ariya Sacca) begründen, warum man den Weg zur Befreiung beschreiten soll.

1. Die Wahrheit vom Leiden.
Durch die Geburt entsteht Leiden, denn der Mensch entwickelt in den **Fünf Aggregaten des Ergreifens** die Begierde nach dem Leben. Dies geschieht auf der körperlich-materiellen Ebene, in den Empfindungen, im Willen und im Bewusstsein.

2. Die Wahrheit von der Leidensursache.
Begehren nach Sinneslust, nach Wiedergeburt, nach Werden, aber auch nach Nichtsein ist Ursache des Leidens.

3. Die Wahrheit vom Leidensende
In dem Maße, in dem das Begehren endet, wird auch das Leiden aufgehoben. Letztes Ziel ist dabei das Verschwinden allen Karmas, der Daseinskreislauf endet im Nirvana.

4. Die Wahrheit vom „Inneren Weg" zum Leidensende.
Der Weg, der zum Leidensende führt, ist der „Edle Achtfache Pfad". Er umfasst die ethische Ausrichtung, geistige Ruhe und das innere Wissen.

Der Achtfache Pfad
Der Weg zur Erkenntnis und zum Überwinden des Leidens ist der Achtfache Pfad. Alle Glieder dieses Pfades bedingen sich gegenseitig und gipfeln in der Achtsamkeit.
Die acht Glieder sind:
1. Rechte Erkenntnis: Sie ist die Voraussetzung für alle weiteren Glieder des Achtfachen Pfades und umfasst die Vier Edlen Wahrheiten und die Wahrnehmung der Welt als ständig wandelbar.
2. Rechte Gesinnung: Sie schließt Abkehr von sinnlicher Begierde ein, wohlwollendes Verhalten und dass man vermeidet, jemanden zu verletzen.
3. Rechte Rede: Sie schließt Lüge und Verleumdung aus, aber auch unnützes Geplapper.
4. Rechtes Handeln: Dazu gehört, nicht zu stehlen, nicht zu töten und seine Sexualität verantwortlich zu leben.
5. Rechter Lebenserwerb: Jede Art der Lebensführung ist zu vermeiden, die einem anderen Wesen schaden oder es verletzen könnte. Mit Waffen- oder Drogenhandel, als Jäger oder Metzger seinen Lebensunterhalt zu verdienen, ist daher verboten.
6. Rechte Anstrengung: Es geht nicht nur darum, das Schlechte zu vermeiden, sondern auch, sich aktiv um das Gute zu bemühen. Dazu gehören auch religiöse Übungen.

Buddha-Abbildung

7. Rechte Achtsamkeit: Die eigene körperliche und geistige Verfassung, Handlungen, Gedanken und innere Zustände werden aufmerksam beobachtet. Bewusstes Atmen und Gehen etwa sind die Voraussetzung für innere Sammlung und Konzentration. Durch diese offenbart sich das wahre, selbstlose Wesen aller Dinge. Höchste Quelle der Erkenntnis ist die innere Erfahrung des Menschen.

! Die drei Weisheitszugänge

Die **Drei Weisheitszugänge** (*Ti-Panna*) sind das Verstehen durch:

1. Nachdenken oder Wägen
2. Hören, Aufnehmen, Lernen oder Lesen
3. Meditation und Intuition

8. Rechte Konzentration: Sie besteht darin, in meditativen Übungen zunächst den Geist zu beruhigen und dann über Meditation zur Einsicht, d. h. zum Wissen um die Beschaffenheit der Welt zu gelangen.

Über das Beschreiten des Achtfachen Pfades erreicht man die Erkenntnis der **Höchsten Wahrheit**. Sie ist zusammengefasst in den **Drei Daseinsmerkmalen**. Alles Dasein ist danach bestimmt durch Flusshaftes Vergehen, letztliche Ungreifbarkeit und das Nichtselbst aller Dinge.
Höchste Erkenntnisquellen sind für den Menschen die innere Erfahrung und das eigene Nachdenken. Buddha nennt selbst in der *Vimamsaka-Sutta* Kriterien, anhand derer jeder Schüler seine Lehre prüfen solle. Nur wenn sie dieser Prüfung standhält, soll er den Weg weiterverfolgen.

Erkenntnis und Ethik – Die Vier Unbegrenzten

Wer die „Selbst"-lose Natur allen Daseins erkannt hat, weiß auch, dass letztlich alle Dinge miteinander verbunden sind. Er kann sein Ich auf alle Dinge ausweiten und die Empfindungen aller anderen Lebewesen als Teil seiner selbst wahrnehmen. Der „wahre" Mensch (Sappurisa) spürt diese Wahrheit in seinem Herzgeist und verwirklicht daher die „Vier

Unbegrenzten", Liebende Güte, Mitgefühl und Mitfreude in Gleichmut, die „Wohnstätten der Götter" im Herzen (Bramaviharas).
Ein zentraler Begriff der buddhistischen Ethik ist **Gleichmut**. Sie bedeutet Freiheit von Verlangen, Abneigung und Gleichgültigkeit, ein Zustand tiefer Bewusstheit bei gleichzeitiger Loslösung von jeder Form des Festhaltens, sei es materiell, gedanklich oder emotional.
Gleichmut hebt auch alles unheilsame Wirken (Akusala Kamma) auf, das über die Absicht zu leidvollen Erfahrungen führt. Heilsames Wirken dagegen führt über das Karma (Absicht) zu glücklichen Erfahrungen, die als Vorstufe des Erkennens gelten. Den **Drei Wurzeln des Unheilsamen**, Gier, Hass und Verwirrung, stehen die Drei Wurzeln des Heilsamen gegenüber, Gierlosigkeit, Hasslosigkeit und Verwirrungslosigkeit, die im Gleichmut zusammengefasst sind.

Traditionen und Richtungen des Buddhismus

Indem er begann, seine Lehre zu verkünden, bewirkte der Buddha die *Erste Drehung des Rads der Lehre*. Die frühe Form des Buddhismus wurde später (abwertend) als **Hinayana** („Kleines Fahrzeug") bezeichnet, da sie aus der Sicht späterer Richtungen elitär und nur für wenige zu verwirklichen war, die als Mönche den Weg des Heils durch Disziplin beschritten. Erlösung konnte darin nur jeder für sich selbst erwirken. Von den zahlreichen Schulen dieser frühen Phase ist nur die Schule des **Theravada** („Schule der Älteren") erhalten geblieben ist.
Als Reform dieser älteren Schule versteht sich die *Zweite Drehung des Rads der Lehre*, das „Große

! Die fünf Gelübde

In den **Fünf Gelübden** (Sikkhapada) entscheidet sich der Gläubige gegen alle Formen des unheilsamen Wirkens.
Sie umfassen das
1. Nichttöten und Nichtschädigen von Leben (Höchstes Gebot).
2. Nichtstehlen.
3. Vermeiden von sexuellem Fehlverhalten, das Leiden für einen der Partner oder jene, die mit ihm verbunden sind, mit sich bringen würde.
4. Nichtlügen,
5. Nichteinnehmen berauschender Substanzen, denn diese führen zu Verwirrung, Streit und Krankheit und schwächen die höhere Einsicht.

Die fünf Gelübde sind weltweit, auch außerhalb des Buddhismus als ethische Richtlinien anerkannt.

Fahrzeug" **Mahayana**. Der Befreiungsweg sollte leichter begehbar und dadurch für alle Menschen gangbar werden. Jeder trägt, so der **Mahayana-Buddhismus**, bereits die Buddha-Natur in sich. Wer sie erkennt, geht ins Nirvana ein, auch schon in diesem Leben.

Zentrale Bedeutung haben im Mahayana die **Bodhisattvas**. Sie gehen den Weg zur Erleuchtung, verzichten jedoch, wenn sie sie erreicht haben, auf das Nirvana, um anderen zu helfen, dorthin zu gelangen. Sie verwirklichen, wie Buddha selbst, immer stärker das Ideal des Mitgefühls, das nicht mehr zwischen sich selbst und anderem trennt und daher so viele Wesen wie möglich zur Befreiung führen möchte. Es gibt himmlische Bodhisattvas, die in Notlagen um Hilfe angerufen werden und menschliche Bodhisattvas.

Mit der *Dritten Drehung des Rads der* Lehre entstand das „Diamantene Fahrzeug" (Vajrayana), der **Tantrische Buddhismus**, der heute noch in Tibet existiert (tibetischer Buddhismus). Die Überwindung der nur real erscheinenden Welt und das Erreichen des Nirvana sollen hier durch Rituale und Meditationsübungen erlangt werden. Über das Einbeziehen des Körpers, soll die spirituelle Entwicklung gefördert werden. Es werden *Mantras* (Andachtsformeln, heilige Silben) und Mudras (Handgesten) eingesetzt, Gottheiten um Hilfe gebeten, die teilweise aus dem Hinduismus übernommen wurden, und Mandalas (Symbol- und Meditationsbilder) betrachtet. In manchen Formen des Tantrismus werden auch sexuelle Praktiken einbezogen.

Lange Zeit wurde der Tantrismus nur in Geheimzirkeln praktiziert. Wichtig ist jedoch in jedem Fall die Anleitung des Schülers durch einen **Lama** („Höherstehenden"), eine Art Guru, da die Praxis des Tantrismus für Unerfahrene als gefährlich gilt.

Der **Zen-Buddhismus** gehört zu den auch im Westen bekanntesten Formen des Buddhismus. Er entstand aus der Lehre des Mahayana und wurde vor allem durch die beiden Patriarchen **Bodidharma** und **Hui-neng** (638–713 n. Chr.) geprägt. Im Zen-Buddhismus verbinden sich Formen des Buddhismus und des chinesischen Taoismus zu einer „Schule der Erleuchtung". Der Weg dahin besteht in Meditation und Vertie-

Bodhisattvas, Gemälde auf Holz

! Körperhineinfließen als Weg zur Achtsamkeit

Zur Vertiefung der Achtsamkeit in der Praxis des Vipassana (Höheres Sehen) wurde auf der Grundlage des „körpergerichteten Bewusstseins", wie es Buddha betonte, die Methode des Körperhineinfließens entwickelt. In immer feinerer Wahrnehmung wandert die Aufmerksamkeit dabei durch den ganzen Körper und spürt spontan entstehende Empfindungen auf, die durch frühere innere Zwänge entstanden sind (wie etwa Verlangen, Geiz, Stolz, Neid). Indem die Empfindungen gleichmütig beobachtet werden, erfährt man im Kommen und Gehen der Empfindungen deren Auflösung. In der reinen Betrachtung löst man sich gleichzeitig von der Bindung an diese Empfindungen. Schon Buddha erkannte, dass sich das Unbewusste, die Wurzel des Geistes, nur über die Körperempfindungen aus der Bindung an Erfahrungen und Empfindungen befreien lässt.
Das Körperhineinfließen wird heute überall auf der Welt in Kursen trainiert.

fung. Heute gibt es in Japan vor allem drei Richtungen, die **Soto-Schule** (von dem Mönch Dogen, 1200–1253, gegründet), die **Rinzai-Schule** (des Mönchs Eisai, 1141–1215) und die von **Harada Sogaku** (1871–1961) gegründete Verbindung aus beiden.
Das **Zazen** (Sitzen in Versunkenheit) ist die Hauptübung des Soto. Im Rinzai werden vor allem Koans als Meditationshilfen gebraucht, Rätselfragen, die sich mit Logik nicht lösen lassen und daher den linearen Verstand übersteigen. Eine berühmte Frage lautet z. B. „Wenn beim Zusammenschlagen der Hände ein Ton entsteht, wie ist der Ton der einen Hand?"
Wichtige Elemente des Zen-Buddhismus sind die Arbeit mit den Händen und die Erfahrung der Natur. In vieler Hinsicht haben meditative Praktiken die japanische Kultur geprägt. Bekannt sind vor allem die Steingärten, die Tuschezeichnungen und Kalligrafien oder auch körperliche Übungen wie Judo, Aikido und das konzentriert durchgeführte Bogenschießen.

Religiöse Schriften

Der Buddhismus kennt eine Fülle religiöser Schriften. Viele verschiedene Schulen haben jeweils ihren eigenen Kanon in ihrer Sprache ausgebildet. Meist wurden die Schriften in Klöstern gesammelt und aufbewahrt. Eine bedeutende Sammlung buddhistischer Texte entstand in Tibet. Sie gliedert sich in den *Kanjur* und den *Tanjur*. Im *Kanjur* sind 92 bzw. 108 Bände zusammengefasst, in denen das „übersetzte Wort Buddhas" steht, während der 225 Bände zählende *Tanjur* die „übersetzte Lehre", Schriften buddhistischer Gelehrter, umfasst. Beide Sammlungen waren etwa um 1300 n. Chr. abgeschlossen. 1411 wurden sie erstmals in Peking gedruckt. Die Originaltexte waren in Pali und in Sanskrit verfasst und wurden dann in die tibetische Sprache übersetzt. Auf etwa 4700 Einzelwerke bringt es die tibetische Sammlung. Der 1924–34 in Japan zusammengestellte Schriftenkanon *Taisho Issaikyo* umfasst insgesamt 2184 Werke in 55 Bänden.

Die Festlegung des Kanons buddhistischer Schriften erfolgte jeweils auf Konzilen. In **Rajagriha** fand das erste Konzil statt, das die Lehre des Buddhismus festlegte.

Zwei tibetanische Mönchen mit Schriftrolle

Tantrismus: Mandala

Auf dem zweiten Konzil, das 380 v. Chr. in **Vaishali** einberufen wurde, entstanden die Hauptrichtungen des Buddhismus. Es folgten drei weitere Konzile und auf dem 6. Konzil, das 1954–56 in **Rangoon** stattfand, haben 2500 Mönche den *Pali-Kanon* überarbeitet und neu herausgegeben.

Der *Pali-Kanon* – Dokument der Lehre Buddhas

Der in der Pali-Sprache verfasste Kanon buddhistischer Schriften ist die älteste vollständig erhaltene Sammlung aus der Frühzeit des Buddhismus. Er wurde erstmals im 1. Jh. v. Chr. auf Sri Lanka schriftlich festgehalten.

Der *Pali-Kanon* gliedert sich in die „Drei Körbe", ***Tripitaka***. Der

Name geht wohl darauf zurück, dass man die Texte, die früher auf lange Palmblätter geschrieben wurden, zunächst in Körben aufbewahrte.

Zum Inhalt der *Tripitaka* gehören die Reden des Buddha (*Sutta-Pitaka*) in fünf Sammlungen, ein klösterlicher Ordenskodex (*Vinaya Pitaka*) in vier Teilen, sowie die Interpretationen des Buddhawortes, die meist aus späteren Zeiten stammen (*Abhidhamma-Pitaka*), in sieben Teilen. Der *Abhidhamma-Pitaka* enthält Definitionen und Erläuterungen zu den Begriffen der Lehre und beschäftigt sich mit Grundannahmen des Glaubens, Psychologie und philosophischen Fragen. Er erhielt erst Anfang des 5. Jh. n. Chr. seine endgültige Form und umfasst, die Kommentare mitgerechnet, etwa 60.000 Seiten in 40 Bänden.

Zu den am meisten rezitierten Kurztexten des *Pali-Kanons* gehört Buddhas *Rede von der Allgüte* (*Metta-Sutta*), die die Liebende Güte, die verbunden ist mit Mitgefühl und Mitfreude in Gleichmut, als eine der „Göttlichen Wohnstätten" im Herzen beschreibt.

Die *Mahayana-Sutren* – Leitfaden zum Verständnis der Lehre

Ab dem 2. Jh. n. Chr. sind die Texte der reformatorischen buddhistischen Lehre entsprechend der *Zweiten Drehung des Rads der Lehre* entstanden. *Sutras* heißen in Tibet alle Lehren, die nicht dem Tantrismus zuzurechnen sind. Sie sind meist im Stil der Predigten Buddhas gehalten, gehen jedoch nicht immer nur auf den Erleuchteten zurück. Die riesige Menge der Mahayana-Sutren wird nach verschiedenen Systemen in einzelne Sammlungen unterteilt, etwa in neun Dharmas, die hier als Lehrmeinungen zu verstehen sind.

Zu den bekanntesten Sutras des Mahayana gehört das so genannte *Lotos-Sutra* (sanskr. *Saddharma-pundarika-Sutra*). Der Buddha ist darin eine überweltliche Wesenheit, die als menschliches Wesen gelebt hat, um den Menschen den Weg zur Befreiung zu weisen. Die verschiedenen Lehren des Buddhismus werden in dem *Lotos-Sutra* in dem Glauben an diesen einen Buddha vereint.

Besondere Bedeutung hat auch das *Prajnaparamita-Sutra* (sanskr. „Rede von der überschreitenden Weisheit"). Es enthält die ältesten Reden des **Mahayana**. Die Sutras, die auf verschiedene Weise versuchen, die befreiende Leerheit zu veranschaulichen, können bis zu 100.000 Versen haben. Die berühmtesten Texte dieser Sammlung sind das *Vajracchedika-Sutra* („*Diamant-Sutra*") und das „*Herz-Sutra*" *Hridaya*, die beide zentrale Texte des Zen-Buddhismus sind. Das „*Diamant-Sutra*" entlarvt in unterschiedlichen Bildern alle

Erscheinungen und Wahrnehmungen als Trugbild, Traum oder Seifenblase.

Das "*Sutra aus dem Herzen der Vollkommenheit der Weisheit*" oder „*Herz-Sutra*" ist das kürzeste *Prajnaparamita-Sutra.* In den Zen-Klöstern überall auf der Welt wird es täglich rezitiert. Die japanische Bezeichnung ist *Hannya Shingyo.*

Weitere Sutras des Mahayana sind das *Lankavatara-Sutra*, das *Karandavyuha-Sutra*, das das Mantra *OM MANI PADME HUM* (Om, Juwel im Lotos, HUM) enthält, das *Sukhavativyuha-Sutra*, das *Samadhiraja-Sutra*, in dem es um die richtige Art der Meditation geht, das *Suvarnaprabhasa-Sutra*, das *Avatamsaka-Sutra* und das *Maharatnakuta.*

Borobodur, Java: Ehemals wichtigster Tempel des Mahayana-Buddhismus

Neben den Sutras, die mit den hinduistischen *Shruti* („offenbarten Texten") zu vergleichen sind, enthält das *Mahayana-Sutra* auch *Shastras*, Texte die (wie die hinduistischen *Smritis*) von Menschen verfasst sind.

Die zahlreichen Texte des **tantrischen Buddhismus** sind bis heute noch nicht vollständig klassifiziert. Häufig enthalten sie esoterische oder geheime Schriften, die jeweils durch einen Meister an ausgewählte Schüler weitergegeben werden oder nur innerhalb geheimer Zirkel bekannt sind.

Weitere tantrische Texte sind die *Dohas*, spontane Gesänge und Hymnen, die tantrische Yogis im Zustand der Verwirklichung singen. Tantrische Meister haben sie zu einer eigenen Literaturgattung entwickelt.

Der **Zen-Buddhismus** steht der Bedeutung von Geschriebenem

Seite aus dem Prajnaparamita

grundsätzlich kritisch gegenüber. Dennoch ist das *Tanjing*, ein Sutra des **Hui-neng** (638–713) dort allgemein anerkannt, ebenso wie das *Shurangama-Sutra*, das allerdings nur auf Chinesisch überliefert ist. Charakteristisch für den Zen-Buddhismus sind darüber die *Koan-Sammlungen* mit ihren die Logik bewusst übersteigenden Rätselfragen, wie etwa das *Wumenguan* („Das torlose Tor"). Außerdem gibt es berühmte Texte einzelner Zen-Meister, z. B. das *Shobogenzo* („Das Schatzkammer-Auge des Wahren Dharma") von **Dogen** (1200–1253) und **Hakuins** (1685–1768) *Oratega-ma* („Der getriebene Teekessel).

Chinesische Buddha-Figur

Religiöse Oberhäupter

Der buddhistische Weg zur Erleuchtung ist ein Weg der Lebenspraxis und damit grundsätzlich individuell. Buddha hat weder einen Nachfolger bestimmt, der seine Lehre hätte bewahren und vermitteln können, noch fordert er unkritische Gefolgschaft. Vielmehr soll jeder Schüler die Lehre anhand seiner eigenen Erfahrung prüfen. Maßgeblich ist jeweils der Innere Weg des Einzelnen in der achtsamen Beobachtung von Geist und Körper.

Eine einsame Angelegenheit ist der buddhistische Befreiungspfad jedoch nicht. Zu den Drei Kostbarkeiten des Buddhismus gehört der Freiort des **Sangha**, die Verbindung zu der Gemeinschaft derer, die sich ebenfalls auf den Pfad zur Erleuchtung begeben haben, und der Austausch mit ihnen. Sangha bezeichnet im engeren Sinne die Mitglieder einer Ordensgemeinschaft, die sich ganz dem Inneren Weg verschrieben haben, oder im weiteren Sinne alle Menschen, die sich, von wo aus auch immer, auf den Weg zur Befreiung machen.

Buddhistische Mönche – Spezialisten auf dem Inneren Weg

Die Mitglieder der buddhistischen Ordensgemeinschaft konzentrieren sich ganz auf den Inneren Weg und betrachten den Erhalt und die Vermittlung der Lehre des Buddha als ihre Aufgabe. Die Praxis des Pfades zur Erleuchtung wird bei Mönchen und Nonnen zum Vollzeitjob. Meditation, Rezitation der Sutren und Studium der

Schriften prägen ihren Tagesablauf.
Die Mönche (Bhikkhus, weibl. Bhikkhuni, „Bettler") leben nach den Regeln des Vinaya. Außer den **Fünf Gelübden**, die auch für die Laien verpflichtend sind, legen sie fünf weitere ab (keine Speisenaufnahme zur falschen Zeit, keine Musik, keine Vergnügungen, kein Schmuck, Parfüm oder Kosmetik, kein erhöhter Schlafplatz und keine Geldgeschenke). Insgesamt sind von den **Bhikkhus** 227 Regeln zu befolgen.
Ihren Lebensunterhalt verdienen sie auf ihrem Bettelgang, von dem sie etwa zur Mittagsmahlzeit zurückkehren. Für Laien ist es verdienstvoll, die Mönche zu unterstützen und diese sind wiederum Berater und Lehrer für die Laien und stehen ihnen bei, wenn ihre spirituellen Dienste gefragt sind. Darüber hinaus übernehmen **Mönche** soziale Aufgaben, indem sie etwa Schulen, Krankenhäuser und Altenheime unterhalten. Auch landwirtschaftliche Arbeiten sind in den Klöstern üblich. Buddhistische Mönche und **Nonnen** genießen ein sehr hohes gesellschaftliches Ansehen.
Der „Fortgang", das Verlassen des Zuhauses, ist die Voraussetzung, um Mönch oder Nonne zu werden, und kann in jedem Alter vollzogen werden. Häufig lassen Eltern ihre Söhne im Jugendalter ordinieren, damit sie eine gute Ausbildung erhalten. Mithilfe des Horoskops wird ein günstiger Termin für die **Ordination** errechnet. Dem Novizen wird das Haar geschoren und er nimmt ein rituelles Bad. Es folgen weitere Zeremonien, während derer er die Ordenstracht erhält. Die Tracht ist im theravadischen Buddhismus ockergelb, im Mahayana-Buddhismus schwarz und im tibetischen Buddhismus rot. Wer die zweite Stufe der Ordinierung durchschritten hat (und mindestens 20 Jahre alt ist), kann auch selbst junge Mönche erziehen oder in der Klosterleitung mitarbeiten. In vielen Orden ist es möglich,

Meditierender Mönch

Mönch oder Nonne auf Zeit zu werden, und dann den Orden wieder zu verlassen.

Der 14. Dalai Lama

Der Lama – Lehrer auf dem Weg zum Heil

Das tibetische Wort Lama („Lehrer", „Meister", „Guru") bezeichnet im weiteren Sinne einen Mönchsgelehrten (Geshe, Guru) oder, im engeren Sinne, im tibetischen Buddhismus den Führer auf dem Heilsweg des Tantrismus. Ihm wird besondere Einsicht und Vervollkommnung zugeschrieben. Er erhält seine Position bereits im Kindesalter. Nach dem tibetischen Buddhismus ist er ein **Tulku**, d.h., er wird als Reinkarnation eines bedeutenden Lehrers angesehen. Dabei unterscheidet sich die Reinkarnation von dem planlos ablaufenden Vorgang der Wiedergeburt. Durch das große Mitgefühl eines Bodhisattvas wird ein Lama wiedergeboren, um die Menschen auf den Weg zur Erleuchtung zu führen. Er wird bereits im Kindesalter von früheren Weggefährten anhand verschiedener Prüfungen und Visionen gefunden und in der Regel als Mönch ausgebildet.

Der **Dalai Lama**, das geistige und politische Oberhaupt Tibets, gehört zu den höchsten Tulkus. **Tendzin Gyatsho** (*1935), der diese Position gegenwärtig inne hat, ist der 14. Dalai Lama. Er wurde am 17. November 1950 offiziell in sein Amt eingeführt, aber schon mit fünf Jahren inthronisiert. 1959 floh er, nach dem Einmarsch chinesischer Truppen in Tibet, ins indische Exil. Er setzt sich seitdem unermüdlich für die Unabhängigkeit Tibets ein. Darüber hinaus ist er durch sein Engagement für Frieden und Völkerverständigung sowie den Dialog der Religionen bekannt. 1989 wurde er mit dem Friedensnobelpreis ausgezeichnet. Aufgrund seines Einsatzes und seiner persönlichen Ausstrahlung genießt der 14. Dalai Lama überall auf der Welt hohes Ansehen.

Symbole, Rituale und Götter

Auf dem buddhistischen Inneren Weg zur Befreiung aus dem Daseinskreislauf sollen Symbole, Rituale und Götter helfen, die Wahrheit der Lehre zu veranschaulichen und den Geist zur Erkenntnis zu führen. In der Meditation können sie jeweils die konkrete Erfahrung, die der Mensch mit seinen Sinnen in der Welt macht, in den Zusammenhang der Lehre stellen. Durch meditative Betrachtung, das Ausführen einer Zeremonie oder die Verehrung der Buddhanatur in einer Gottheit soll der Mensch seinen Geist über die Zwänge des Daseins erheben und schließlich deren Nichtigkeit erkennen können.

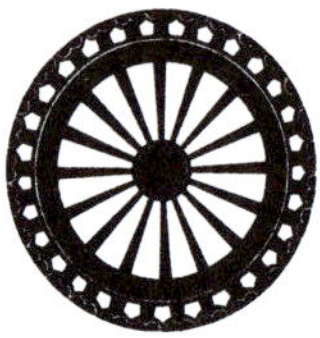

Das Rad der Lehre

Symbole

Unter den vielen buddhistischen Symbolen gibt es zwei, die immer wieder auf Abbildungen oder in künstlerischen Darstellungen begegnen und für sämtliche Richtungen des Buddhismus Gültigkeit haben. Diese beiden Symbole sind die **Lotosblüte** und das **„Rad der Lehre"** (Dharma-Chakra). Die **Lotosblüte** steht für das „innere Erblühen" der Erkenntnis. Wie die Lotosblüte ihre Wurzeln im Sumpf hat, aus dem sie zu reiner Schönheit erblüht, ohne hinabgezogen zu werden, erhebt sich auch das reine Wesen des Buddha aus den Verstrickungen der Welt in die Klarheit der Erleuchtung.

Das **„Rad der Lehre"** steht allgemein für die Lehre des Buddha und ist damit das Symbol für den Buddhismus. Mit seiner ersten Predigt in Benares hat der Erleuchtete dieses Rad in Bewegung gesetzt. Seitdem rollt es unaufhörlich weiter durch die Geschichte, bis alle Wesen zur Erleuchtung gelangt sind. Die acht Speichen des Rades stehen für die Glieder des edlen „Achtfachen Pfades", der für die Gläubigen der Weg zum Heil ist.

Bilder des Buddha gab es im frühen Buddhismus nicht. Stattdessen wurde der Erleuchtete stellvertretend durch seinen **Fußabdruck** oder den Thronsitz dargestellt. Erst seit dem 2. Jh. n. Chr. gibt es Bilder und Figuren, die den Buddha zeigen und ihn deutlich von anderen Wesen unterscheiden. Um seine spirituelle Überlegenheit anschaulich zu machen, wird der Buddha größer dargestellt als andere Figuren, und er weist die 33 Hauptmerkmale auf, die Zeichen seiner übernatürlichen Herkunft und seiner geistigen Vollkommenheit sein sollen. Er hat z. B. lange, gerade Zehen, Antilopenbeine, 40 Zähne und Kuhlider. Wichtig sind auch die typischen Handgesten, **Mudras**, die symbolisch für bestimmte Handlungen und ihre Bedeutung stehen. Zu den wichtigsten Mudras gehören die Geste der Furchtlosigkeit (erhobene, nach vorn geöffnete Hand, gestreckte Finger), die Meditationsgeste (die Hände liegen im Schoß, beide Handflächen zeigen nach oben), die Geste der argumentativen Kraft (die Finger sind ausgestreckt, Daumen und Zeigefinger berühren sich, der Arm ist gebeugt) und die Geste der Drehung des Rads der Lehre (die Bewegung wird von den Fingern symbolisiert).

Der tibetische Buddhismus kennt **„Acht Glücksverheißende Symbole"**, zu denen die weiße Muschel gehört, der Schirm als Schutz vor Hindernissen oder Verwirrung, das Siegesbanner, die furchtlosen, flexiblen goldenen Fische, das Dharma-Chakra, das Unendliche Geflecht, die Lotosblüte und die Schatzvase.

Rituale

Kulthandlungen und Rituale, die nach bestimmten Regeln ablaufen (wie etwa die streng geregelten brahmanischen Opferkulte), betrachtete der Buddha selbst als Fesseln, die an den Daseinskreislauf binden. Auch gibt es nach seiner Lehre keine Gottheit, an die sich die kultische Verehrung richten könnte. Dennoch kennt auch der Buddhismus Formen der Verehrung von Erleuchtungsgottheiten (Bodhisattvas), die als Helfer vorgestellt werden.

Die wichtigste Form der religiösen Praxis ist im gesamten Buddhismus die **Meditation**. Man unterscheidet die **Meditation** zur Beruhigung von Geist, Sinnen und Emotionen (Samatha-Meditation) und die Meditation, die direkt der Erkenntnis dient (Vipassana-Meditation), indem sie zu intuitivem Wissen und zum klareren Verstehen von Zusammenhängen führt, die eine höhere Perspektive in der Betrachtung des Seins ermöglichen. Über Körper- und Atemübungen und die Konzentration auf Meditationshilfen wie Bilder, Gegenstände, Laute oder Klänge wird die Aktivität der Sinne kontrolliert und mehr und mehr reduziert. In der Meditation soll das tiefere Wesen des Menschen sich entfalten, seine wahre Natur und seine Freiheit, die sich in Herz, Ruhe und Einsicht verwirklichen.

Vor allem im Tantrismus, aber auch in anderen Schulen der buddhistischen Glaubenspraxis, sind **Mantras** und **Mandalas** wichtige Meditationshilfen. Das **Mantra** ist eine Silbenkombination, die als mystisch gilt, da in ihr das Wesen einer Meditationsgottheit in einer Kurzformel (die nochmals in einer „Keimsilbe" zusammengefasst sein kann) enthalten sein soll. In der Volksreligion waren Mantras Schutzsprüche, die Schaden abwenden und zum Erfolg in positiven Dingen verhelfen sollten. Später galt das Mantra als „Schutz des Geistes" vor ablenkenden Einflüssen in der Vorbereitung auf die Meditation oder eine religöse Handlung. Durch die Rezitation weckt der Gläubige jene Kräfte in der eigenen Seele, die ihm dem Heil, wie es die Meditationsgottheit verkörpert, näher bringen. Indem ein Mantra etwa auf eine **Gebetsfahne** geschrieben wird (im tibetischen Buddhismus), verstärkt es den über die Fahne verbreiteten Wunsch, dass alle Lebewesen glücklich sein mögen. Auch die lamaistischen **Gebetsmühlen** können die heilsame Kraft des Mantras verbreiten. Ein Zylinder aus Holz oder Metall, auf dem sich mit Mantras beschriebene Papierstreifen befinden, dreht sich um eine Achse. Zur Meditation des Mantras dreht der Gläubige den Zylinder und konzentriert sich auf das Mantra. Die Entsprechung von innerer Konzentration und äußerer Handlung (Drehung der Gebetsmühle) soll nun dazu beitragen, dass sich die heilsame Kraft des Mantras im Universum verbreitet, zur Befreiung vieler Wesen beiträgt und dem Betenden gutes Karman verschafft.

Als Zählhilfe beim Rezitieren des Mantras oder des Buddhanamens verwenden manche Buddhisten außerdem eine aus 108 Kügelchen bestehende **Gebetskette** (mala).

Auch das **Mandala** soll den menschlichen Geist in die Sphäre der Erleuchteten führen.

Mandalas können gemalt werden, z. B. auf Leinwand oder auf den Stoff eines Rollbildes (Thanga), wie es im tibetischen Buddhismus üblich ist. Es gibt plastische Mandalas, die den Palast der Gottheit dreidimensional veranschaulichen und Sandmandalas, die häufig für bestimmte Zeremonien (z. B. Initiation) hergestellt werden. Um ein **Sandmandala** herzustellen, streuen buddhistische Mönche gesegneten, gefärbten Sand zu kleinen Symbolen zusammen, die zusammen ein großes Mandala ergeben. Anschließend wird das Sandmandala in fließendes Wasser gestreut, wo es sich, zum Zeichen der Vergänglichkeit, auflöst.

Die Schule des **Zen-Buddhismus**, eine Richtung des Mahayana, die in China entstanden ist, macht die Meditation konsequent zu ihrem Mittelpunkt. Der Zen-Buddhismus versteht sich als eine Schule der Erleuchtung, die nicht den Weg über die Auseinandersetzung mit der Lehre, sondern über die praktische, persönliche Erfahrung geht, die durch Selbstdisziplin und Konzentration auf den „wahren Geist" vorbereitet wird.

Buddhistische Mönche fertigen ein Mandala

Buddha-Figur aus Thailand

Eine meditative Grundhaltung soll in jeder Situation des Alltags erhalten bleiben, indem jede Handlung bewusst und innerlich gesammelt durchgeführt wird. Zur Meditation gehört im Zen-Buddhismus auch die körperliche Arbeit, die den Menschen im Hier und Jetzt hält, wie überhaupt die Spiritualität des Zen sich in den praktischen Dingen des Alltags verwirklichen soll.
Besondere Meditationsformen des Zen-Buddhismus sind das **Zazen**, das „Sitzen in Vertiefung", und das Nachdenken über **Koans**, paradoxe Rätselfragen, die den Geist über die Gesetze der Logik hinausführen sollen.
Weil der Zen-Buddhismus in den konkreten, praktischen Notwendigkeiten des Alltags verwurzelt ist, werden die praktischen Tätigkeiten zu Formen der Meditation. Das Verhältnis von Leere und Form wird in den vom Zen beeinflussten Kunstformen (Kalligrafie, Haiku Dichtung, Gartengestaltung) und in der Anlage des Lebensraumes, etwa in Zen-Klöstern, anschaulich. Zur Kunst wird eine Tätigkeit erst, wenn der Ausführende sich selbst völlig vergisst und ohne Absicht und Ziel in seinem Tun aufgeht. Nur so erreicht er meisterhafte Präzision. In der Raumgestaltung laden Klarheit, Einfachheit, Natürlichkeit und die Verbindung von Gegensätzlichem ein, der Erfahrung der Leere hinter allen Erscheinungen nachzuspüren.

! Die japanische Teezeremonie

Von einer Studienreise nach China brachte der japanische Mönch **Eisai** (1141–1215) im Jahr 1168 Teesamen mit. Das war die Voraussetzung für das Entstehen der japanischen Teezeremonie (Cha-no-yu). In ihr sollen sich Achtung, Reinheit, Stille und Harmonie entfalten. Wer zu dieser Zeremonie geladen ist, begibt sich durch einen Zen-Garten zu einer sachlich und schlicht eingerichteten Teehütte. In einer bestimmten Zeremonie bereitet dort der Gastgeber den Tee. Dabei benutzt er ausgewählte Instrumente.

Götter

Im frühen Buddhismus sind die Götter Wesen, die zwar in einer höheren Sphäre existieren, aber wie die Menschen an den Daseinskreislauf gebunden sind und den Weg zur Erleuchtung beschreiten müssen. Erst im Mahayana-Buddhismus kennt man ewige Götter, die als Helfer angerufen werden können. Auch sie sind aber zunächst Menschen gewesen. Sie haben die Erleuchtung, die Befreiung ihrer Buddha-Natur erreicht und sind nun als Buddhas oder transzendente Bodhisattvas Helfer, die in das Weltgeschehen eingreifen können. Die berühmtesten sind der **Avalokiteshvara**, der **Samantabhadra**, der **Maitreya**, der **Manjushri** und der **Kshitigarbha**.

Der **Avalokiteshvara** ist die Nationalgottheit Tibets und verkörpert Liebe und Erbarmen der Buddhas. Er wird häufig mit weißer Hautfarbe und vielen Armen dargestellt, die er allen Menschen helfend entgegenstreckt. Seine Attribute sind Lotos, Juwel und Gebetskette. Der Dalai Lama gilt als „Ausstrahlungskörper" des Avalokiteshvara. Sehr verehrt wird auch der **Maitreya** (sanskr. „Der Liebevolle"), der Buddha des zukünftigen Weltzeitalters. Er verkörpert die Liebe für die Welt und soll in ferner Zeit wieder auf die Welt kommen, um den Dharma erneut zu den Menschen zu bringen. **Manjushri** verkörpert Weisheit und Intelligenz. Seine Attribute sind Schwert und Buch.

Statue des Buddha Amida, 11 Jh.

Der **Amitabha Buddha** oder **Amida** ist der Buddha des unendlichen Lebens. Er soll versprochen haben, alle Wesen in sein Reines Land zu führen, von wo aus sie ins Nirvana eingehen können. Voraussetzung ist nur, dass man seinen Namen verehrt und sich vertrauensvoll an ihn wendet. Der Amida ist in der Volksfrömmigkeit sehr populär. Er steht für die Erlösung aller Menschen entgegen allen Hindernissen.

Der tantrische Buddhismus kennt zudem **Meditationsgottheiten**, die im tibetischen Buddhismus als **Yidams** bezeichnet werden. Über die Identifikation mit der je eigenen Meditationsgottheit gelangt ein tantrischer Schüler zur Realisierung seiner Buddha-Natur. Die Meditationsgottheiten werden in den Mandalas visualisiert, die jeweils zu ihnen gehören. Sie können friedvoll, zornvoll oder gemischt friedvoll-zornvoll sein, sodass der Schüler sämtliche Anteile seiner Persönlichkeit über die Identifikation mit ihnen auf dem Heilsweg integrieren kann.

Zu den wichtigsten tantrischen Gottheiten, die im tibetischen Buddhismus auch Schutzgottheiten sind gehören **Guhyasamaja**, der das Nichtsehen überwindet, der **Kalachakra**, der **Hevajra**, der **Chakrasamvara** sowie der **Vajrapani**.

Heilige Stätten

Die wichtigsten heiligen Stätten des Buddhismus sind Orte, die mit bedeutenden Ereignissen im Leben Buddhas in Zusammenhang stehen. Sie sind Anziehungspunkt für buddhistische Gläubige aus allen Ländern. Darüber hinaus gibt es in ganz Asien Heiligtümer, wie etwa die chinesischen **Vier Heiligen Berge** oder Zentren, die für die Entwicklung der buddhistischen Lehre wichtig waren. Hinzu kommen prachtvolle Tempelanlagen, von denen einige zum Weltkulturerbe der UNESCO gehören. Buddhistische sakrale Bauwerke sind Tempel, Stupas und Pagoden.

Pilgerstätten auf den Spuren Buddhas

Lumbini, der Geburtsort Buddhas in Südnepal, ist einer der vier heiligen Orte des Buddhismus, die mit dem Leben des Erleuchteten in Zusammenhang stehen. Es ist außerdem Bestandteil des Weltkulturerbes.

Der Feigenbaum, unter dem der Buddha zur Erleuchtung fand, soll in **Bodh Gaya** gestanden haben. Daher gehört dieser Ort im indischen Bundesstaat Bihar ebenfalls zu den wichtigsten Pilgerstätten.

In dem **Tierpark Isipatana** (heute Sarnath) bei **Benares** (heute Varanasi) hielt der Buddha nach der Überlieferung seine erste Predigt nach dem Erwachen. Das ebenfalls in Indien gelegene **Kusinagara** ist der Ort, an dem der Erleuchtete starb. Weitere Orte, an denen sich der Buddha häufig aufgehalten haben soll (etwa Shravasti, Kaushambi und Rajagriha), werden ebenfalls von Pilgern besucht.

Buddhistische Sakralbauten

Buddhistische **Tempel** bilden in der Regel den Mittelpunkt einer Tempelanlage, zu der häufig auch ein Kloster gehört. Angeschlossen ist zudem meist eine große Halle, in der sich die Mönche zur Rezitation der *Sutren* oder zur Meditation versammeln. Laien verehren dort Buddhas, Bodhisattvas und helfende Gottheiten, deren Kultbilder sich im Inneren des Tempels befinden. Ein eindrucksvolles Beispiel für den buddhistischen Tempelbau ist der **Ananda-Tempel** in Pagan, in Birma (Myanmar), mit den vier riesigen Buddhafiguren.

Während der Tempel der Ort ist, in dessen Innenraum die Gläubigen fromme Handlungen vollziehen, findet die kultische Verehrung an **Stupa** und **Pagode** außen statt. Der **Stupa** ist ein riesiger, massiv gebauter Reliquienbehälter. Er diente zunächst zur Aufbewahrung der Reliquien Buddhas und wurde, ähnlich wie Grabhügel, als Halbkugel gebaut. Inzwischen können die Riesenschreine auch die Reliquien von buddhistischen Heiligen beherbergen und außer als Halbkugel baut man den Stupa auch in Glocken- oder Lotosform. Zur Verehrung der Reliquien umschreiten die Gläubigen den Stupa von außen mehrmals und sprechen dabei Gebete. Häufig sind an den Stupas auch Schnüre mit Gebetsfahnen gespannt.

Der Stupa wurde baulich weiterentwickelt zur **Pagode**, einem turmartigen Bauwerk, das durch etagenweise rundlaufende „Schirme", meist in ungerader Zahl, gekennzeichnet ist. Bei der japanischen Pagode haben die Schirme die Form von Dächern. Daran befinden sich kleine Glocken, die die Lehre des Buddha in die Welt

Stupa auf Sri Lanka, 11. Jh.

tragen sollen. Die typischen Pagoden in Birma und Thailand erheben sich spitz zulaufend über einem halbkugelförmigen Unterbau. Auch Pagoden sind Reliquienbehälter, wobei auch Abschriften heiliger Texte meist als Reliquien gelten.

Die prachtvolle **Schwedagon-Pagode** ist das Wahrzeichen von Rangun, der Hauptstadt Birmas. Das monumentale Bauwerk ist ganz mit Gold überzogen und

Chinesische Pagode

erreicht eine Höhe von 112 Metern.
Zwei weitere große buddhistische Heiligtümer gehören ebenfalls zum Weltkulturerbe. In Indonesien (Zentraljava) liegt die Tempelanlage **Borobudur** aus dem 9. Jh. n. Chr. In Form eines dreidimensionalen Mandalas ist der Tempel als nach oben verjüngte Terrassenpyramide angelegt, die eine Höhe von 34 Metern erreicht. Auf den oberen Stufen befinden sich Stupas mit an die 500 Buddhafiguren. Die Spitze bildet ein etwa acht Meter hoher Schrein mit 15 Metern Durchmesser.
Die nepalesische Hauptstadt **Kathmandu** ist ein Hochtal von etwa 560 Quadratkilometern. Neben vielen kunstvollen Kultstätten aus mehreren Jahrhunderten und einer malerischen Altstadt findet sich dort die älteste Tempelanlage Nepals, **Swayambhunath**. Von dem über 2500 Jahre alten Stupa aus blicken die Augen Buddhas in alle vier Himmelsrichtungen. Das Kloster Hiranya Varna Mahavihar gilt wegen seiner vielen wertvollen und filigranen Verzierungen als schönstes Kloster Nepals.

Religiöse Feste

Die vielen, regional sehr unterschiedlichen, buddhistischen Feste orientieren sich am **Mondkalender**. Am wichtigsten sind die Feiertage, die einen Bezug zum Leben Buddhas haben. Die Feiertage zu Ehren Buddhas werden je nach Region und Glaubensrichtung an unterschiedlichen Tagen gefeiert.
Viele der volkstümlichen regionalen Feste sind aus der Verehrung früher lokaler Gottheiten oder aus Erntefesten entstanden und wurden später in den Buddhismus übernommen. Oft werden die Feste mit farbenprächtigen Zeremonien gefeiert. Räucherwerk wird verbrannt und im tibetischen Buddhismus feiert man mit Maskentänzen, die vom Klang eines Gongs begleitet werden.
An den Festtagen heilige Stätten zu besuchen gilt im Buddhismus als besonders heilbringend für das Wohlergehen aller Lebewesen.
Jeden Mondmonat begehen die Buddhisten der Theravada-Schule an den **Mondwendtagen** (*Uposatha*), vor allem an Vollmond und Neumond, die **Poya-Feiern**. An diesen Tagen versammeln sich auch die Laien in den Klöstern und erneuern, gemeinsam mit den Mönchen, feierlich ihr Bekenntnis zur Lehre des Buddhismus.
Manche Vollmondtage werden darüber hinaus besonders gefeiert. Im Theravada-Buddhismus begeht man am ersten Vollmondtag im Mai das **Wesak-Fest**. An diesem Tag erinnert man sich an Geburt, Erleuchtung und Tod des Buddhas.

Register